自分の中に龍を持て

斎灯サトル

「自分の中に龍を持て」

この言葉に何かを感じたあなたへ。

すでにあなたの中に龍はあります。

人はみな、
自分の中に龍を持っています。

龍は森羅万象にあり。
龍とは、大いなる「流れ」。
我々を生かそうとする源であり、
大自然の流れのエネルギーです。

古代から人類は、
その龍を感じてきました。
そして、その感じた龍を描き、
祈りを捧《ささ》げてきました。
これから、あなたの中にいる龍と
向き合ってみましょう。
すると、どんなことが起きようと、
心の乱れを治めていけます。
自然の流れに乗って、
誇り高く生きていけるでしょう。

プロローグ

天井画絵師が見つけた「自分の中に龍を持つ生き方」とは？

人はみな、自分の中に龍を持っている

「自分の中の龍」というものを、あなたは意識したことはありますか？

私は、**人はみな自分の中に「大いなる流れ」という龍を持っている**と考えています。しかし……。

「がんばってもうまくいかない」

「疲れ果ててやる気が出ない」

そんなときもありますよね。

そんなとき、あなたは人生が滞っているかもしれません。

「こんな目に遭うなんて……」

「次々起こる問題にどうしていいかわからない」

こんなときもありますね。

こんなときは、人生の激流の中にいるのかもしれません。


生きていればいろいろな体験をしていきます。

私がお伝えしていきたいのは、

「あなたのままで、あなたらしくあっていい」

ということです。

そうすれば、どんなことが起き、どんな時代が訪れようと、心の乱れを治めていけるでしょう。

そして、心の声に従い、自然の流れに乗って、誇り高く生きていけます。

この本は、あなたが自分の中の龍と共に力強く、そして楽しく人生を切り開いていくために書かせていただきました。

申し遅れました。私は天井画絵師として、全国の神社仏閣に龍の天井画や襖絵《ふすまえ》などを描かせていただいている斎灯サトルと申します。

手掛けた天井画は、大天井27枚、そしてマス天井という小さいサイズも合わせると59枚になります。

関係者や応援者のみなさまのおかげで、**個人の制作数では日本一になりました。**

神社やお寺は、先人が守り継いできた大切な財産です。

その天井画を描かせていただくのです。

ですから、私はこれまで人類学や神学、歴史学なども含めてさまざまな資料や文献にあたり、調べ尽くしてきました。

目には見えないあやふやな存在としての龍ではなく、人類の伝統と叡智《えいち》にもとづく龍について学び、理論的に理解したかったからです。

同時に、時には80畳もの天井画を描きながら龍と向き合い、そのエネルギーや力を感じ取ってきました。

「龍とは何だろう?」

「人類は龍から何を感じてきたのだろう?」

こう問いつづけ、たどり着いた答えを全国各地の講演会で1000回以上お伝えしています。

その内容を中心にして、この激動の時代を生き抜くための「自分の中に龍を持つ生き方」について、これからお話ししていきます。

私たちが本来持っているけれど、いまは忘れてしまっている〝大切なもの〟を思い出し、人生に活《い》かす方法です。

龍も神様もすがる存在ではない

いま、龍にまつわる解釈が多様に出ています。

たしかに人の数だけ感性があり、龍に関する物語もさまざまです。

龍を開運や願望成就と関連づけて考えるのも、ひとつの伝統。

浪漫《ロマン》がありますし、私も大好きです。

しかし、私が龍や神様について伝えるときに心がけているのは、**龍も神様もすがる存在ではなく、その「神話」や「祈り」から「何を学び、何を日常に活かしていくか」ということ。**

そんな私の探求の中から見えてきた**龍とは、森羅万象の「流れ」の象徴だということです。**

そして、「対話」や「誇り」を通して意識できるものだということです。

「流れ」「対話」「誇り」。

この3つのキーワードは、じつは、いつの時代も普遍的に活用されてきましたが特に現代の私たちにこそ大切です。

なぜなら、「流れ」がよくなるとは物事の運びがよくなること。

つまり運がよくなることだからです。

そして、周囲や自分との「対話」が洞察力や気づきを育み、「誇り」が満足度の高い人生を作るからです。

この本は各章を読み進めるにつれて、「流れ」「対話」「誇り」を自然に理解し、毎日の中で活かしていただけるよう構成されています。

師匠・小林正観さんとの出会い

さらに、私の師匠である心学研究家でありベストセラー作家、故・小林正観さんから学んだ教えもお伝えしていきます。

私は10代の終わり頃から、自転車で日本中を回り「人生の師匠」を探す旅を続けました。

その旅で、19歳のときに出会ったのが小林正観さんです。

場所は奈良県。とある宿の共同浴場でのことでした。

湯船に浸《つ》かっていると、〝ただならぬ気配〟をまとうひとりの男性が入ってきました。

私はずっと空手をやっていたので、すぐにわかりました。

その男性は、空手の達人が行う「つま先重心」で歩いていたのです。

そして、まるでまっすぐな棒がお湯に入るように、一切水しぶきを立てず、ストーンと湯船に浸かりました。

騒がしい浴場で、男性の優雅な身のこなしはひときわ目立ちました。

それが、当時40代後半の**小林正観さん。**

人生の師匠を探していた私はすぐに、「この人の話を聞きたい！」と思い、勇気を出して脱衣所で「話を聞かせてください」とお願いしたのです。

自転車で転々と各地を回りながら、師匠を求めてそれまで１００人以上の人に会っていましたが、そう強く思える人は初めてのことでした。


旅行作家をしていた正観さんは、ちょうど旅先でお話会を始めていました。

そこに誘われ、話を聞いて感動した私は、「正観さんの取材について行く！」と決め、翌日自転車を着払いで自宅に送り返しました（笑）。

そして、正観さんの取材について行き、その後しばらくして、旅行記事の挿絵を少しずつ描かせていただくようになったのです。

あの日、湯船での直感に従わなかったら、いまの私は確実に存在しません。

以来、正観さんが亡くなるまで書籍の挿絵などを担当させていただき、長年その考えに触れてきました。

その教えは、私自身の中の龍を目覚めさせる大きな助けとなりました。

時代の大きな変わり目にこそ必要なこと

いまは、時代の大きな変わり目。

私たちは、社会の流れやお金の流れ、人間関係や仕事の流れなどさまざまな流れに翻弄されがちです。

特に、日々流れてくる情報には、不安や怖《おそ》れをかきたてるものも少なくありません。

しかし大切なのは、**むやみに怖れることではなく大きな流れを見通すこと。**


もちろん、課題はたくさんあります。

しかし、事実を流れで読み解き、あるがままに見ていくと、明らかに世界はいい方向に向かっています。

20世紀に比べると、飢餓や紛争、犯罪の数は大幅に減りました。

戦争など日々流れてくる悲しいニュースもたしかにありますが、それは、戦争が増えたのではなく、情報が増えているのです。

人類が知恵を出し合い、世界全体がよい方に向かっているのは間違いありません。**そう、私たちの未来は明るいのです。**

自分の中の流れを治められるようになると生命力が上がり、いきいきとした毎日に変わっていきます。

シンクロニシティが増え、自分らしく幸せに生きられるようになり、自然の流れに乗って自分にとっての成功ができます。

一言で言えば、「生き方上手」になれます。

輝かしい未来へ向かって、いまこの瞬間を誇り高く生きていきましょう。

さあ、あなたの中の龍と共に読み進めてください。

天井画絵師　斎灯サトル

自分の中に龍を持て

目次

巻頭折込カラー　天井画絵師 斎灯サトルの世界

プロローグ

天井画絵師が見つけた「自分の中に龍を持つ生き方」とは？

1章

自分の中の龍を治めると人生の流れに自然に乗れる

2章

自分の中の龍と共に運の流れを作りだす11の方法

3章
森羅万象との対話

episode 龍 龍が教えてくれる「みんな違って、みんないい」

4章

龍に育てられた日本発！誇り高い生き方

エピローグ

これからは自分の中の龍を生きる時代

ブックデザイン　轡田昭彦＋坪井朋子
オビ・本文絵　斎灯サトル
編集協力　江藤ちふみ
　　　　　株式会社ぷれす
編集　金子尚美（サンマーク出版）

1章

自分の中の龍を治めると人生の流れに自然に乗れる

日常が楽しくなる人生に役立つ龍の話

世の中には、見えないものが見えたり、常識ではありえないことが起きたりする……という話がありますね。

龍についてもそういう話があります。

「龍がやってきてお告げをくれる」

「龍が願いをかなえてくれる」

そういった話は素晴らしい感性の表れだと思いますし、浪漫《ロマン》があって楽しい。

私もそういった本はよく読みます。

しかし、それは、**あくまでも体験した方の主観的な話です。**

この本では、そういった龍のお話ではなく、古代から人類が感じてきた龍の話をお伝えしたいと思っています。

時には理論的な、浪漫のない話もあります。

何しろ私は、父親が数学教師、母親が理科教師という理系一家で育ちました。

そのため、子どもの頃から理詰めでものを考えるよう教えられました。

両親の影響もあってか、自然科学に興味があり、実験や観察が大好き。

実際に見たものや聞いたことをもとに考える習慣が当たり前になっていて、何でも自分でたしかめてみないと気が済まない性質《たち》なのです。

少し理屈っぽいヤツですが、〝**芸術家の変わった話**〟だと思って楽しんでください。


ですが、これからお話しする龍の話は人生にとても役立ちます。

毎日の生活で具体的に活《い》かせて、日常が楽しくなる話です。

気楽にお付き合いいただければうれしいです。

たまに、涼しめなダジャレが出てきますので、体感温度に気をつけながら読み進めていただければと思います（笑）。

なぜ、人類のＤＮＡには「龍の記憶」があるのか？

古今東西どの文化・文明でも、龍は語り継がれ、描かれています。

日本のみならず、アジア全域、ヨーロッパ、中東、オセアニア、**どの地域にも龍の伝説や神話があり、信仰があります。**

羽根があったり炎を吹いたり、微妙な違いはあるものの、龍の概念は世界共通。

でもよく考えてみると、龍は、目には見えない空想上の生き物のはずなのに、不思議だと思いませんか。

私たち人類のＤＮＡには「龍の記憶」があるのです。

ここで、プラナリアに登場してもらいましょう。

プラナリアは数センチのニョロニョロした生き物。

日本では、北海道以外の場所に生息しています。

この生き物は再生能力がとても高く、体を半分に切ると、そこから新たな体が生えて完全体に戻ります。

つまり、1匹を半分に切ると、2匹に増えるのです。

これは、数年前にある科学雑誌で発表された研究報告です。


「へぇ」と何気なく聞き流してしまいそうですが、じつはかなりすごいこと。

上半身がなくなっても、生き物にとっての司令塔・脳を再生してしまうのです。

その再生された脳には過去の記憶があることもわかっています。

この事実が何を意味するのかというと、**生き物の記憶は脳に蓄積されているのではなく、「体の細胞にあるDNAに刻まれている」ということです。**

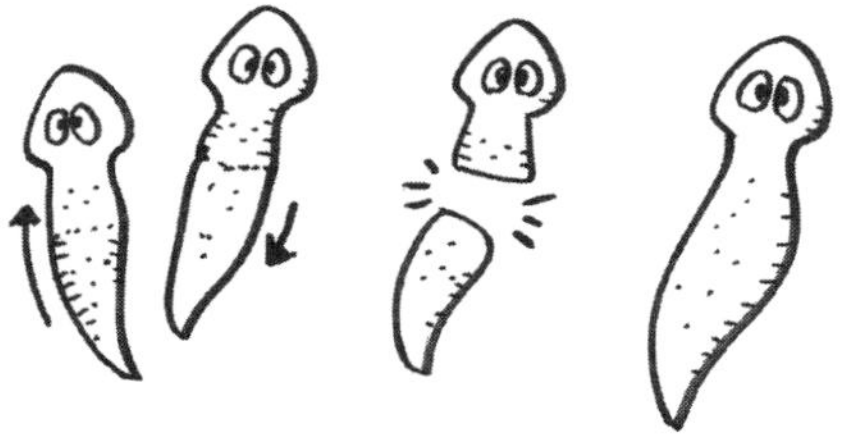

私たち人間のDNAにも、もちろん過去の記憶が刻まれています。

しかも、先祖の古い記憶まで。たとえば、ヘビを見たり、蜂のブーンという羽音が聞こえたりすると、サッと身をすくめますね。

また、熱いものに触ったら、反射的に手を引きます。

これは、危険なジャングルで生きていた頃の先祖の記憶がDNAに残っていて、そうさせているのです。


DNAには、いまから約1億～6500万年前、先祖がネズミのような小さな哺乳類だった頃の記憶も残っているといいます。

あれは、私たちがホモ・サピエンスになるずっと前のこと。懐かしいですね……と言っても思い出せませんね（笑）。

ですが、私たちが小さな哺乳類から進化してヒトになったのは、学校で習った進化論で証明されています。

そしてDNAには、踏み潰されそうなほど小さかった頃の先祖の記憶が、しっかり刻み込まれています。それは、自分の体の1000倍以上もある恐竜と共に、2億年ほど生存競争を生き抜いた記憶です。

後世、人類は大きい雲の流れや雄大な川の流れ、吹きわたる風など、大自然に現れる生命の息吹を目にします。

すると、ＤＮＡの記憶にスイッチが入ります。

そのとき、無意識下で恐竜の記憶が蘇《よみがえ》ったことでしょう。

大自然の勇壮な流れに、人間は恐竜のような力強いパワーを感じ、その流れの持つ生命力や強さを、龍の姿として受け取ったのでしょう。

つまり、古今東西どの文化・文明でも、龍が似たような姿で想起され、描かれるのは、私たち人類のＤＮＡに太古の記憶が刻印されているから。

そして人類が、大自然の大きな命に龍の存在を重ね合わせるから。

言い換えれば、「龍の記憶」があるからなのです。

だから、人類は大自然や物事の流れの中に、龍のダイナミックなエネルギーを感じて具現化したのです。

そして、神話や伝説や絵画に登場させ、時に怖《おそ》れ、時に祈りを捧《ささ》げてきたというわけです。

大自然の雄大な流れに
人は
「龍の記憶」が
呼び覚まされる。

流れを治める者は「龍を治める者」

大自然や物事の流れの中に、龍のダイナミックなエネルギーを感じてきた人類。

龍とは「流」です。

龍は、あらゆるエネルギーの流れを表した存在であり、流れの象徴として感じられてきました。

古代中国では、龍のように曲がりくねった大河の流れを治める「治水工事」をして、農業を定着させました。農業こそ都市国家をつくる礎。そのため、曲がる辰（龍）を治めるという意味から「曲＋辰」で「農」という漢字になりました。

また、龍は「神獣」として神社仏閣に描かれ、あらゆる文明で「高貴な者の象徴」として、皇帝や王族、貴族などの紋章や旗などに用いられてきました。

流れを治める者は「龍を治める者」であり、権力や豊かさを手にする者。

先人は、こう考えたのです。

振り返ると、私たちの日常はすべて「流れ」だといっていいでしょう。

その流れを整えていけば、そのまま豊かさと繁栄につながります。

まず、水や風の流れ、植物や動物の生命のサイクルなど、自然界の大きな流れがあります。

時間の流れやお金の流れもあれば、運の流れもある。

体内には血液やリンパ液が流れ、衣食住に関わるものも物流に乗ってやってきます。

流れが乱れたら、人生はうまくいきません。

浪費を繰り返し使い方が乱れれば、たちまち生活に困ります。

夜ふかしや暴飲暴食をして生活習慣の流れが乱れれば、健康を害します。

だから人生において、流れはとても重要。

自分と自分を取り巻くものの流れを治める者こそ、人生の流れを治める。

そういえるのです。

しかし生きていれば、日々いろいろな問題が起こり、流れが乱れます。

どうしたら、乱れた流れを治め、人生をよい方向へと運んでいけるのでしょうか。

結論からいうと、**「龍＝流」の乱れを治めるには、「学び」「感謝」「流れを感じる」の3つの姿勢がポイントになります。**

起きた出来事や身のまわりのものから学び、感謝する。

そして、目の前の出来事だけを見るのではなく、全体の流れを見通して考える。

この原則に従えば、激流や濁流に飲まれることなく、自分の流れを進めていけます。

原則といっても、けっしてむずかしくありませんし、厳しくもありません。

ちょっとした考え方のコツさえ押さえれば、誰でも実践できます。

流れを治める者は、龍を治める者。

人生の流れを治めるには

「学び」「感謝」「流れを感じる」。

1000万円得しても損しても
「普通」でいた正観さんの話

私たちを取り巻く流れは、とても乱れやすい。

乱れた流れは、「学び」「感謝」「流れを感じる」の3つのポイントを意識すれば治まるということはお話ししました。

身をもってそれを示してくれたのが、私の師匠、小林正観さんでした。

正観さんは心学研究家として全国で講演しながら、楽しく幸せな人生を生きるための知恵を説き、多数の著作を世に送り出した方です。

自転車で全国を回った若き日、私は正観さんとの出会いから多くを学びました。

その教えは、「ありがとうと言う」「掃除をする」など人生の基礎となるものでした。その中でも、いまも心に強く残っているものがあります。

それは、「普通」でいることの大切さ。

正観さんは、いつもフラットで穏やか。
つまり「普通」でした。
それは正観さんが、常に自分自身の流れを治められたからできたことでした。

いまでも忘れられないエピソードがあります。
あるとき、正観さんに1000万円もの臨時収入がありました。
1000万円といえば大金です。
ほとんどの人は舞い上がってしまうでしょう。
でも、正観さんはいたって「普通」。
「こういう行動をすると、この流れになるのですね。いい学びになりました」
そう言ってほほえむだけ。
お金が入ったことよりも、学びになったことを喜び、感謝していたのです。

それから数年後、今度はある出来事が起こり、正観さんは1000万円の損をしてしまいました。
ベストセラー作家だったとはいえ、そのときはいろいろなことが重なり、正観さんは1000万円を返済するために、知り合い数人に借金を申し込まなければなりませんでした。

でも、このときもいつも通り。

1000万円得をしたときと同じように、「いい学びになりました」と笑っていたのです。

1000万円の得をしても損をしても「学びになった」と純粋に喜ぶ。

何があっても、ずっと「普通」でいる。

それができたのは、正観さんが部分ではなく「流れ（全体）」を見通していたから。そして、**成功も失敗も「学び」に変え、「感謝」していたからです。**

人生全体の流れを見れば、大切なのは、一時のお金の損得ではありません。

ひとつの出来事から自分がどれだけ学び、成長できるかです。

誤解のないようにいうと、正観さんは何があってもぶれない鉄人のような人だったわけではありません。

表情にはあまり出さない方でしたが、むしろ、とても感情豊かな人でした。

人生全体の
流れから見れば
「成功」も「失敗」も
小さなこと。
その出来事から
何を学ぶか。

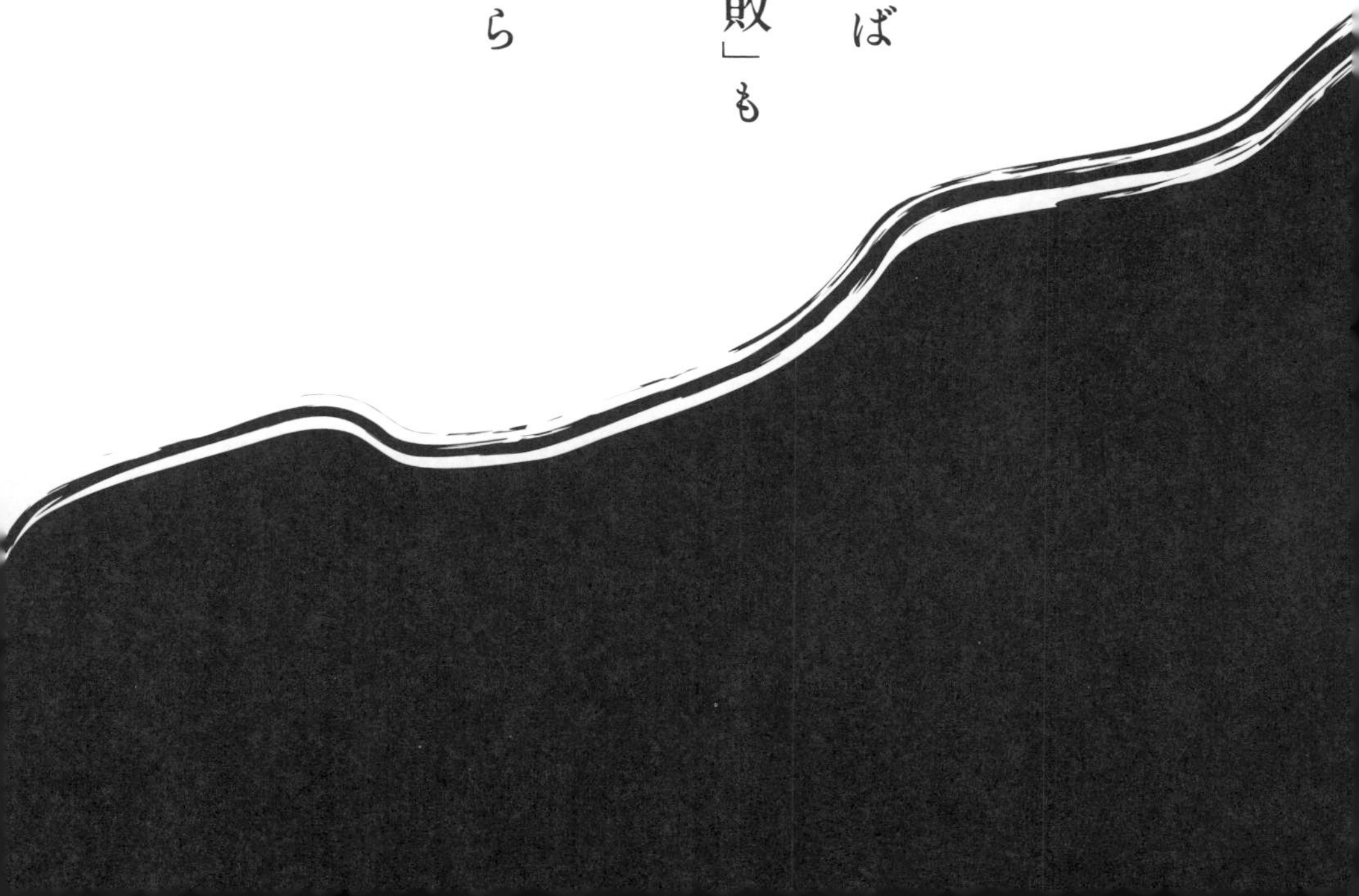

もちろん人間ですから、心がざわつくことがあれば、さすがの正観さんも瞬間的に感情の変化はあったかもしれません。

しかしすぐに、スーッと元の柔和な表情に戻ります。

出会った頃の正観さんは40代でしたが、大変な出来事が起きても10分もあればいつもの笑顔になっている。

これには驚きました。

歳《とし》を重ねると、その時間はどんどん短くなりました。

50代頃は、結構なトラブルが起きても3分もあればケロッとして普段の正観さんに戻り、62歳で亡くなる直前は3秒もすると平常心に戻っていました。

「学び」「感謝」「流れを感じる」で起こる奇跡

正観さんに学ぶうち、流れを治めるコツが少しずつわかるようになりました。

流れ全体を俯瞰《ふかん》して、経験を学びと感謝に変えていけばいいのです。

すると、強火で炒《いた》める〝チャーハン〟みたいに感情を激しく揺さぶられる生き方ではなく、**コトコトと煮込みつづける〝シチュー〟のように喜怒哀楽に振り回されない幸せな生き方**ができるようになります。

「学び」「感謝」「流れを感じる」の3つを意識して流れを治めていくと、次のような変化が起こります。

・シンクロニシティがひんぱんに起きる
・物事に一喜一憂しなくなる
・直感が冴《さ》える

ここ数年の間では、こんなことがありました。

私は毎年多くの講演を行っていますが、コロナ禍が始まった２０２０年も１００回ほど講演の予定が入っていました。

ところがこの年、キャンセルになった講演は2件しかなかったのです。

イベントがのきなみ中止になった年に、ほぼいつも通りに講演活動ができたのは奇跡的なことでした。

キャンセルが最小限で済んだのは、たまたま緊急事態宣言中の4月7日から5月25日まで講演会の依頼を受けていなかったからです。

言葉では表現しづらいのですが〝何か〟を感じていて、この期間は、前年から偶然ぴったり、あるお寺の天井画を描く予定にしていたのです。

奇《く》しくも天井画を描き終え、予定されていた最初の講演会が5月28日。緊急事態宣言も解除され、無事に開催することができました。

偶然といえば偶然。でも、流れを治めることを意識していると、このように「いい流れに乗れているな」と感じるシンクロニシティがよく起きるのです。

人間と動物の違いは「時の流れ」をわかっているかどうか

人類が地球上で繁栄できたのも、「流れ」が関係しています。

私たち人類は、他の動物と違って「時の流れ」を把握できています。

どういうことかというと、**人間は「過去・現在・未来」の概念を持ち、言葉で表現できたのです。**

動物学に多くの研究報告がありますが、サルや鳥、イルカなども、鳴き声でじつに豊かなコミュニケーションをとります。

しかし、ひとつだけ人間のコミュニケーションと大きな違いがあります。

彼らには、「現在」しかないのです。

たとえば、天敵のタカが空にいるのを発見したサルが鳴き声で仲間に警告すると、群れのサルたちはいっせいに空を見上げ、地面に隠れます。

同じように、地上にトラを発見したサルがそのことを鳴いて知らせると、他のサルはいっせいに地面を見回し、木の上に登ります。

人間には、「キィー」という鳴き声にしか聞こえなくても、サルたちはそこに込められた意図をきちんと聞き分けられるわけです。

余談ですが、人類が文明を築いて発展したのは「虚構」（ウソ、見えないもの）の概念を持っていたからだという説があります。**平たくいうと、目には見えないものを信じ、「ウソ」をつけたから進化できたというわけです。**

しかし、私なりにさまざまな論文を読んだところ、サルもウソをつきます。

サルが群れ同士で戦っているとき、劣勢の方が「キィー！（敵の動物が来たぞ）」とウソをつき、相手を追い払うことがあると報告されているのです。

サルの話が続くなと思われたかもしれません。

私は、昔から自分の名前（サトル）の中の二文字が入っているサルが大好き。

小学生の頃から全教科を捨ててサルの研究だけを熱心に続けてきたので、かなりくわしいのです。余談、お許しください（笑）。

話を戻しまして、サル以外の動物たちも、かなり緻密なコミュニケーションをとっています。**しかし、「現在・過去・未来」の概念がない彼らには、「昨日、トラが来た」「明日、タカが来るかもしれない」といった警告はできません。**

一方、人間は時間の概念を理解しています。

でも、これはいいことばかりとはいえません。

皮肉なことに、だからこそ人は過去にクヨクヨし、未来に不安を覚えます。

人間だけが、過去の失敗から未来の流れを変えられる唯一の生き物なのに、「あの日、あのとき、あの場所で……」なんて過ぎたことにこだわっている。「未来はどうなる!?」「災害はいつ起きる!?」と戦々恐々としている。

これでは「いま」という貴重な時間が活かせません。

また、この瞬間に与えられているたくさんのものにも気づけません。

そこで考え方や見方を変え、流れをうまく治める工夫が必要になってくるのです。

優秀なコーチは何を見て、どう指示をするのか

優秀なコーチも選手の「流れ」を見ています。

たとえば、駅伝で疲れてきた選手に声掛けするとき、すぐれたコーチは、「お前ならできる。もっとがんばれ！」「あと少しだ。気を抜くな！」とは言いません。

選手はすでにがんばっています。

精神論で叱咤《しった》激励しても効果はないからです。

彼らは、選手の流れを見て具体的に指示を出します。

あごが上がっていたら「もっと、あごを引いて」「いつもより、あごが上がっているよ」などと指示し、腕の振りが小さくなっていたら「腕を大きく振っていこう」と助言する。

すると選手は修正点が明確にわかります。

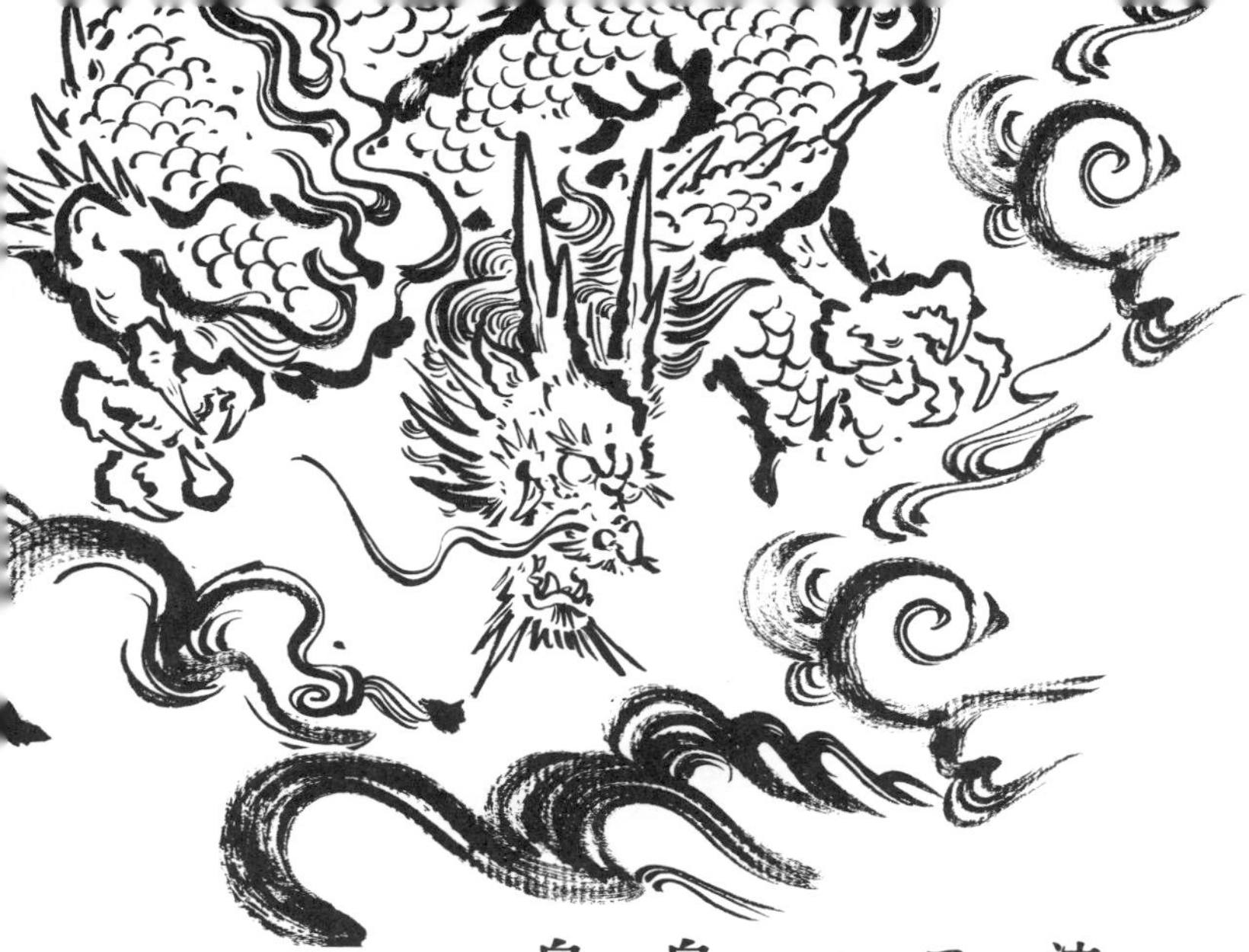

流れを見て
アドバイスできるのが
一流のコーチ。
自分の流れも俯瞰して
自分で自分のコーチになる。

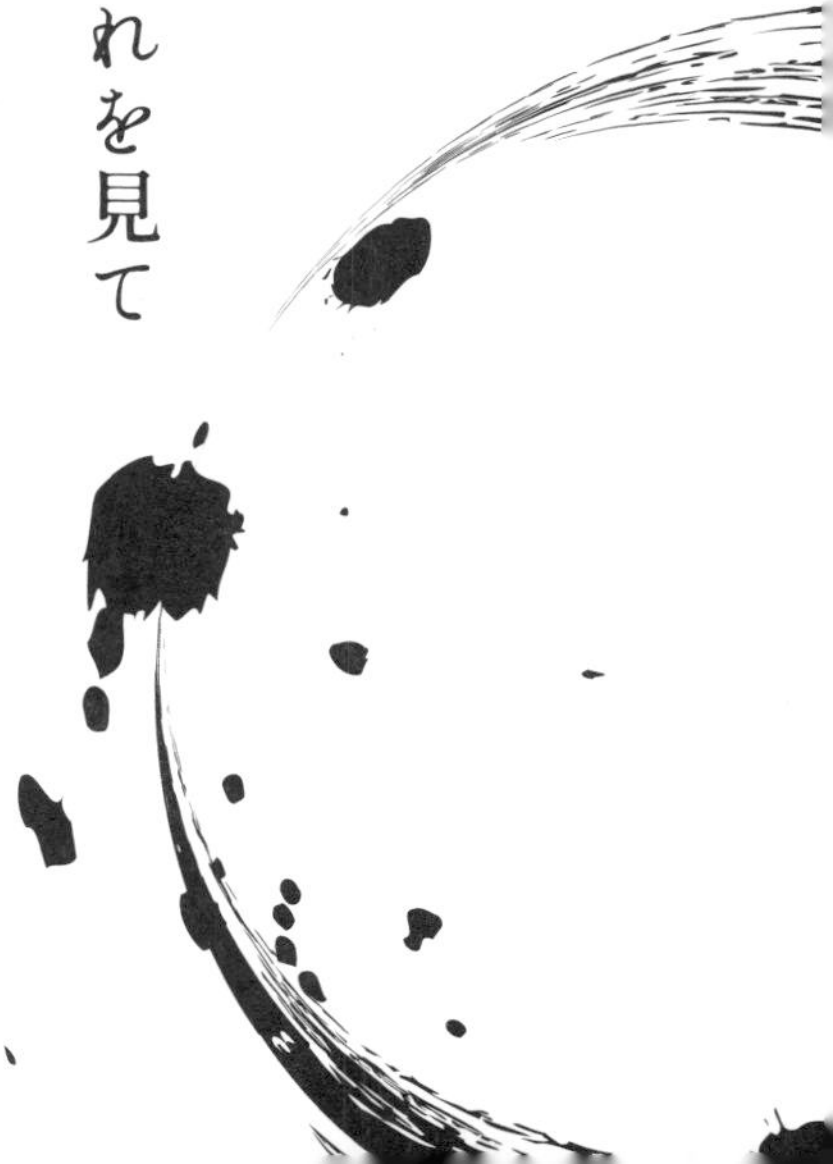

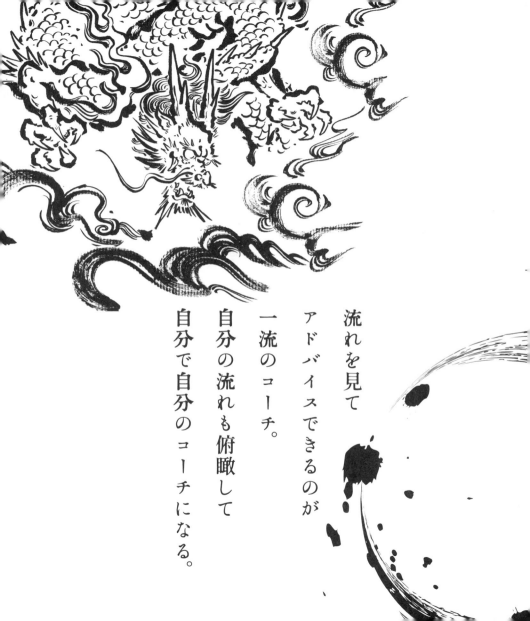

本来のペースを取り戻し、乱れた流れを治められます。

最近は、ビジネスマンや起業家なども個人コーチをつける時代になりました。

セッションを受けることをコーチングといい、いいコーチは会話によってクライアントをベストな状態に導きます。

私がおすすめするのは、「自分で自分のコーチになる」ことです。

自分の流れを見て、「最近、感謝が足りてないいな」「体力が落ちているから休息が必要だ」と軌道修正していけば、自分の流れを治めていけます。

つまり、自分を育てる視点でみずからの流れを客観視すると、誰もが自分の名コーチになれるのです。

人生に訪れる8つの危機
「八風吹けども動ぜず」になる秘訣

不本意なことが起きたり失敗したりしたときに、そこから学びを得る。

「この程度で済んでよかった」「これで間違いに気づくことができた」「成長できた」と感謝する。

そして、「失敗のおかげで、今後の人生で同じ失敗を繰り返さずに済む」「人生全体を通して見ると意味があるに違いない」と、大局を見て物事を捉える。

このように「学び」「感謝」「流れを感じる」の3つを意識することを「治心《ちしん》」といいます。

禅では、この治心を「八風吹けども動ぜず」という言葉で表しています。

八風は「八流」ともいい、人生に訪れる8つの流れのこと。

それらに一喜一憂することなく進め、と説く言葉です。

この8つとは「利、衰、毀、誉、称、譏、苦、楽」。

それぞれ、「潤い、衰え、そしり、ほまれ、たたえ、破れ、苦しみ、楽しみ」を意味します。

ここで、「あれ⁉」と思った方もいるかもしれません。

そう、八流には、「潤い、ほまれ、たたえ、楽しみ」といった「いいこと」も含まれます。

心が乱れるのは、つらかったり苦しかったりするときだけではありません。

人間はうれしいことがあれば舞い上がり、人からほめられれば天狗《てんぐ》になります。

また、思わぬ幸運が訪れると「こんなことがあっていいの⁉」と動揺します。

一見するとポジティブな出来事もまた、流れを乱す原因になる。

ここを理解するのは、感情を治めるための大事なポイントです。


大きな幸運が訪れた人間が流れに翻弄されることを、ある調査が示しています。

20年ほど前、アメリカで宝くじ高額当選者の追跡調査が行われ、衝撃の結果が出ました。**当選者の7割が5年以内に破産し、友人関係も破綻していたのです。**

それまで普通に生活してきた人が、いきなり扱ったこともない額のお金を扱う

幸運に
恵まれたときこそ、
「いつも通り」の流れを
保つこと。

と流れが乱れ、ぜいたく三昧をしたり詐欺に遭ったりして、結局はお金を失ってしまう。また、お金を巡って人間関係のトラブルが起きてしまうのです。

一度でいいから宝くじに当たってみたいと思っていましたが、ちょっと考えてしまう結果ですね。


幸運に恵まれたときこそ、「いつも通り」の流れを保つことが大切です。

もし彼らがそれまで通りに堅実に働き、節度あるお金の使い方をしていれば、自分の身に起きた幸運を活かすことができたでしょう。

「宝くじに当たっても流れを乱さないぞ」と決めたら、もう大丈夫！　どうぞ、安心して当選してくださいね（笑）。

反省は「反復するのを省く」こと、後悔は「後から悔やむ」こと

治心は、心のざわつきを減らすための必修項目です。

コーヒーをこぼしただけで、「最悪！」とつぶやいてしまうことはありませんか？　それは治心ができていない状態です。

このように、人は10個ある要素のうち9個は順調なのに、たったひとつうまくいかなかっただけで、すべてがダメになったように意気消沈してしまう生き物です。

しかし治心を意識していると、流れを見渡せます。

もしコーヒーをこぼしたら、「今度は注意しよう」と学べばいい。

「やけどしなくてよかった」「人にコーヒーをかけなくてよかった」と感謝できるようになる。それが、流れを治められる人です。

もし人と口論をしてしまったら、

「次は感情的にならず、言い方を変えてみよう」

と思えばいい。

目標を達成できなかったら、その原因を探って改善していけばいい。

「最悪」「自分なんて」と嘆く前にできることはたくさんあります。

失敗して反省するのはＯＫ。

反省は、「反復するのを省く」こと。

失敗を学びに変えて、同じ過ちを繰り返さないよう対策することを指します。

一方、後悔は「後から悔やむ」こと。過去にこだわり、グズグズ悩むことをいいます。

両者は「混ぜるな、危険」です。

どちらがいい流れを作るかは、もうおわかりでしょう。

経験に感謝し、失敗を学びに変えて、明るい未来を思い描く。

それは、時の流れを理解できる私たち人間だからこそできること。

未来は、いまの行動や選択で決まります。学びと感謝で自分の経験と向き合うことが、流れ（龍）を治めることになるのです。

自分の心が乱れやすいパターンを知っておけば人生の流れはスムーズになる

どんな人格者でも絶対に感情は動きますし、心が乱れることもあります。

肝心なのは、心を乱さないことではなく、乱れたときにどう立て直すか。

なぜなら、人間である限り心を乱さず生きていくのは不可能だからです。

乱れた心を立て直す作業を繰り返すと、心をメンテナンスする技術が培われます。機械を繰り返し修理しながら使っていると、次第に修理道具が揃《そろ》っていきますよね。心のメンテナンスもそれと同じ。

何度も治心しつづける過程で自分の傾向と対策がわかり、早く立て直せる方法がわかるようになります。


じつは、心がどんなときに乱れるかは、人それぞれパターンがあるもの。

たとえば、誰かに攻撃されるとカッとなってトラブルになる人、他人に無視されると落ち込む人、一番になれないと不機嫌になる人……。

心のどの部分が乱れやすいかは、川の流れのどこが曲がっているかと同じです。

川のカーブの部分は水の流れによってどんどん削られ、さらに曲がっていきます。

洪水が起きると真っ先に決壊するのも、そのポイントです。

だから、先人は川の治水で堤防を作る際に、弱い部分を重点的に補強しました。

自分がイラッとしたり落ち込んだりしやすい事柄は、川の曲線部分。

急カーブになっていると曲がり切れず、氾濫してしまいます。

だから、早い段階で気づいてゆるやかにする工夫をする。

自分の心のクセを知っておく。

そうすれば、スムーズに人生が流れていくのです。

もちろん生きている限り、カチンときたりクヨクヨしたりすることもあるとは思います。

しかし人生は流れているのですから、1秒でも過ぎたことは考えても仕方ありません。

人間は、過去の失敗から、未来の流れを変えられる唯一の生き物です。

嫌な人や不快な出来事に遭遇したら、

「私はこういう人が苦手なんだ」

「自分は、こんな出来事が起きるとダメージを受けやすいんだ」

と認識できるわけです。

すべて学びに変え、未来のいい流れにつなげられます。

私もまだまだ未熟者ですが、メンテナンスを繰り返すうちに、少しずつそう考えられるようになりました。

困難があるからこそ、優しく、すぐれた人になれる

嫌なことや苦しいことは、悪い面ばかりではありません。

困難や失敗を乗り越えるからこそ成長し、人に優しくなれる。「優しい」という字そのものが、そう教えています。

「優」とは、その文字から見てみると、「人」と「憂い」から成り立ちます。

憂いは、憂鬱の「憂」。

つまり、自分がうつうつと悩んでいるから人の心の痛みがわかり、相手に寄り添えるのです。

優しい人は他人の悩みに耳を傾け、相談に乗ってあげられます。

その中で自分の知識量や人間力が育まれ、「優《すぐ》れた人」になれる。

つまり、**自分の悩みやつらい出来事は誰かの助けになるだけでなく、自分自身も育ててくれるのです。**

また、悩んだり失敗したりすると、「自分は正しい」という思い込みが消えて謙虚になれます。

自分の中から「独善的な正義」が消えるのです。

人と衝突するのは、たいてい自分の「正義」と相手の「正義」がぶつかるとき。

たくさんつまずいた人は「正義」が消えて優しくなっているので、相手を許すことができ、人とのトラブルが激減します。

ちなみに「許し」は、言偏に「午《うま》」と書きますが、ここにも深い意味があります。

ここでしばし頭の中で干支《えと》を読み上げ、確認してみてください。

「午」は、干支のちょうど折り返し地点。

昔は干支で時間を表していたので、昼の12時は午の刻。

ですから、12時前が「午前」、12時を過ぎると「午後」でした。

つまり「午」は、「物事の折り返し地点」の意味。

「言」に、中間地点を表す「午」で許しを表すのは、自分にも相手にも「言い分」があり、「お互いさま」であるということ。

双方それぞれに「正義」があり、「言い分」はイーブン（even. 対等、引き分け）だということです（笑）。

そう捉えると、ほとんどのことは許せるのではないでしょうか。

人生のつまずきや傷は、誰かの癒しにつながる

失敗が続く。

結果が思うように出ない。

つらい出来事に見舞われた。

そんなことが続くと、さすがにへこむものです。

でも、覚えておいてください。**人生のつまずきや「傷」といってもいいような出来事が、誰かの癒しや元気につながることもあります。**

驚かないでいただきたいのですが、私は学生時代に何度か「0点」を取ったことがあります。

でも、0点も悪いことばかりではありません。**人の癒しになります。**

たとえば、同級生に「何点だった?」と聞かれて「0点」と答えたら、相手は「僕も」と言って笑いが生まれるかもしれない。

相手が10点だったら「僕の方が上だ」と言って、安心するかもしれない。要するに、私が0点を取ったことで、誰かの気持ちを救えるわけです。

「点」で考えたらクヨクヨしてしまうことも、視点を変えて流れを見渡せば人の役に立てる。これもまた、心を治めるための大切なポイントです。

あなたの仕事上のミスが人の教訓となって次のミスを防ぐ方法につながれば、会社の財産になります。

人は自分に共感し、一緒に悩んでくれる人がいるときに安心します。

たとえテストで失敗して落ち込んでいても、「お互い、点数がよくなかったね」と言い合えば、どこかホッとできる。そして、元気になれるのです。

また、思わぬ不幸に見舞われたり理不尽な目に遭ったりしたときに、誰かが親身になって泣き言を聞いてくれるだけで心が救われるのです。

それで人や自分が元気になったり、心が穏やかになれたりするのなら、「お涙頂戴」でいいじゃないですか。

情けない、
失敗した、
つらい境遇にある……
あなたの
その「傷」は
誰かの癒しに
つながることもある。

悲劇も喜劇に変わる「神様目線」

喜劇王チャールズ・チャップリンは、こんな名言を残しています。

「人生は部分で見たら悲劇だが、全体を見たら喜劇である」

味わい深い言葉ですね。

たとえば、若いときに大失恋したら悲劇です。でも人生全体を通して見たら、あの淡い思い悩みこそが青春の尊さなのね（笑）と笑い話にもなるものです。

また、その失恋があったからこそ、もっと素晴らしいパートナーと出会えたということがあるかもしれません。

「受験に失敗したから、天職に巡り会えた」

「病気やケガをしたから、家族の絆《きずな》が深まった」

「旅行先でトラブルに遭ったから、面白い人と巡り会えた」

など、**悲劇が幸せな「喜劇」に変わることはいくらでもあります。**

そうやって全体の流れを通して見る視点を持てば、目の前の出来事に一喜一憂しなくなります。それが、治心なのです。

波打ち際で横になって海の波を見たら、数十センチの波だったとしても大波に見えます。でも、数十メートル離れたところから見たら、波の高さは、ほんの数センチ。さらに遠く離れて丘の上から見下ろしたら、波ひとつない海が広がっているはずです。人生もこれと同じ。

一部分だけ切り取ってみたら、大変なこともつらいこともあります。
でも「引き」で見たら、それも流れの中の一瞬に過ぎません。

目の前のことに右往左往するのは「主観」です。
人生全体を見通し、先の流れを見ることを「俯瞰」といいます。
俯瞰も大事ですが、さらに大事なのは「達観」。
別の言葉でいえば、「神様目線」になることです。
ネガティブに思える出来事を学びに変えて感謝し、成長していく。
常に神様のような高い視座を持ち、この流れを望む方向に進めようと考える。
そうすれば必ず、自分の納得できる流れを作っていけるでしょう。

いま何歳であっても、人生は死ぬ瞬間まではわからない

「人間万事塞翁が馬」という言葉が私は大好きです。

一見すると不幸な出来事でも、必ず「その先」がある。

不幸が転じて、未来の幸福につながることがある。

人生を流れで考えれば、一喜一憂しなくてもいい。

この言葉は、そう教えています。

『アンパンマン』の作者やなせたかしさんがアニメ版の『アンパンマン』で爆発的ヒットを飛ばしたのは、70代になってから。

それまでも絵本作家や漫画家として活躍されていましたが、50代頃まではなんでも仕事を引き受けるので「雑用のやなせ」と呼ばれていたとか。

しかし、アニメの人気が出て94歳で亡くなるまで、数百億円もの額を稼いだと

もいわれています。

しかもアンパンマンが誕生した背景には、やなせさんのつらい戦争体験があるのです。

従軍し、おなかをすかせて、ひもじい思いを体験したやなせさんは平和への思いを込めて、おなかをすかせた人に自分の顔をあげるアンパンマンというキャラクターを生み出したのでした。

こう考えると、**たとえいま何歳であったとしても、どんなに苦しい体験をしても「もう、自分の人生はダメだ」なんて思う必要などない**とわかりますよね。

すべてがわかるのは人生が終わるとき。

明日何が起きるかはわかりませんが、私たちの人生はまだ流れの中にあり、先があります。

いま思うようにいかないことやつらいことがあっても、それが人生の最終的な「答え」ではない。

もっといえば、**人生に正解も不正解もないのです。**

自分の選択が正しいか間違っているか、起きた出来事が吉か凶かは、死ぬその

ときまでわからないからです。

死ぬ直前に人生を振り返り、「楽しく面白い人生だったな」「自分なりによくがんばったな」と思えれば、自分らしい流れを生きられた、流れを治められたといえるでしょう。

古代の人は治水工事で川の氾濫を治め、豊かな実りを得ました。

それと同じように、私たちも日常の乱れた流れを治めていけば、必ず豊かさへと向かっていけます。

人間万事塞翁が馬。
選択が正しいか間違っているか、
起きた出来事が吉か凶かは、
死ぬそのときまでわからない。

episode 龍

龍の爪の数の秘密

描かれる龍の爪の数には、それぞれ意味があります。

爪が３本であれば、寄り添う龍。
４本は学び導く龍。
５本は守る龍。

古代中国では、３本は庶民、４本はお寺、５本は王様の龍だといわれていました。

爪の数が多いから格上というわけではなく、それぞれに役割があるのです。

2章

自分の中の龍と共に
運の流れを作りだす11の方法

濁流の中で、自分を見失わない方法

現代は、まるで濁流の中にいるようなもの。

現代人は、江戸時代の人が一生かけて受け取る情報を一週間で手に入れるとか。

その環境で、情報に振り回されずにいるのは至難の業かもしれません。

みなさまも動画を見たり、SNSを見たりしていたら、つい数時間経《た》ってしまったという経験があるのではないでしょうか。正直な話、私にはあります。

自分の流れを治めるためには、情報の波に流されない工夫が必要です。

SNSはみな、「人に見せたい出来事」や「自慢したいこと」だけを選んでアップするものですね。しかも、ときどきちょっと、いや結構盛ったりして（笑）。

だから、比較して落ち込まなくていい。それはわかっているけど、気がつくと時間を忘れてキラキラ投稿を見ては落ち込んでしまう……。あるあるです。

こんなとき落ち込まないためには、**比較せず「参考」にすればいいんです。**

たとえば、「イタリアの名店でおいしいピザを食べた」と友人が投稿していたら、「このお店のピザはおいしいんだな。いつかイタリアに行ったら、このピザを食べよう」と情報としてストックしておけばいい。

すると、将来に向けていい流れを作れます。

ここはハッキリ言わせていただきますが、そもそも、人と自分を比べたり競争したりすることには、まったく意味がありません。

それは、「100メートル走の選手」と「1000メートル走の選手」を比較するのと同じ。

両者は、走る距離もコースも、筋肉の使い方も練習方法も全然違います。

それを比べるのは無理というもの。

でも人と自分を比べるとき、私たちはこれと同じことをやっているわけです。

自分と比較していい相手は、同じ日に同じ場所で生まれ、同じ家庭環境で育ち、同じ背格好と性格で、同じ仕事をして同じ人間関係の中で生きている人。

そんな人は、この世にはいませんね。

あなたには
あなたの龍があり、
人生の
流れがある。
人をうらやましく
思ったら、
比較せずに
参考にする。

だから「自分はダメだな」と自己卑下するのは、ちょっと待ってください。

心理学では、他人の成功や活躍を見て、焦りやうらやましさを感じるのは向上心がある証拠なのだとか。つまり、嫉妬や羨望を感じている人ほど、向上心旺盛というわけです。

一歩先を行く人と自分を比較して落ち込みそうになったら、「自分はもっと成長したいと思っているのだな。偉い！」と気持ちを切り替えましょう。

あなたには、あなたの流れがあり、活躍の場があります。

では、濁流のような日常の流れに惑わされず、また情報に振り回されず、自分の流れを作るには具体的にどうすればいいでしょうか。

これから、すぐに実践できる自分の流れを作りだす方法をお伝えしましょう。

自己嫌悪は3分以内！ 自分を大切にする

人は本来、自分自身の流れを生きられるようにできています。

その自然な流れを邪魔するのが、自己嫌悪。

平たくいえば、自分自身をダメだと思ったり責めたりしてしまうことです。

脳はこの感情を一番嫌います。

脳科学では、自己嫌悪の状態が3分以上続くと、コルチゾールというストレスホルモンが分泌されるそうです。

とはいえ、生きていれば失敗や挫折はつきもの。

「自分はダメだ」「自分なんて嫌いだ」と自己嫌悪に陥ることはありますね。

そんなときは、3分以内に治めれば大丈夫。

ウルトラマンだって3分以上経つと地球上では戦いません。

それ以降は、「私、結構がんばっているよね」と自分自身を認めましょう。

そして自分を愛し、大切にしましょう。


「自分を愛せばいいのね。知ってる、知ってる」

こう思った人もいるかもしれません。

たしかに、自分を愛することの大切さは、これまで多くの人が説いてきました。

でも、これがなかなかむずかしい。

実際、「自分の愛し方がわからない」「自分を愛せない」とおっしゃる方がよくいます。

ただ、そんな人も、じつはしっかり自分自身を愛しているのです。


たとえば電車に乗っていて、近くに立っているおじさんの手に切り傷があるのを見かけたとしても、絆創膏《ばんそうこう》をあげたりしませんよね。知らない人ですから。

しかし、家族や友達が手にケガをしていたら、「大丈夫？」と絆創膏をあげるはずです。

また、知らないおじさんが酔ってウトウトしていても何もしないけれど、家族や友達だったら、「風邪を引くよ」と布団をかけてあげるでしょう。

それは、相手を愛し、大切に思っているからです。

さてあなたは、自分がケガをしたときや眠いときにどうしていますか？

絆創膏を貼るし、布団をかけますよね。

あなたは、愛している人にしている行為を、いつも自分自身にしてあげています。

つまり、あなたはできているのです。

自分を大切にして、愛しているのです。

「自分を愛せない」と思う方は、そのことを思い出してください。

自分を愛せない人に対して「愛しなさい」と言っているのではなく、**「自分を愛することは日々できているから自覚してください」**とお伝えしたいのです。

そうすれば、優しい心で自分に接してあげられるでしょう。

直感に従えば運命に出会える

ふと湧いてくる直感に従うこと。

これもよくいわれることですね。そして、これもまた実践がむずかしい。

でも直感は、時に人生の指針を示してくれたり、進むべき方向に導いてくれたりします。


私が25歳頃のこと。

その頃から、イラストレーターとして活動しはじめていました。

事務所で絵を描いていると、**何の前兆もなく全身にブワッと鳥肌が立ち、頭がフラフラしてきたのです。**

意識も朦朧《もうろう》とする中、「何だ、これ!?」と驚きながらも、なぜか「出かけなければ」という思いにかられ、車に乗り込みました。

いま思えば危ないのですが、どうしてもそうせざるを得なかったのです。

隣町まで車を走らせたとき、小さな古書店が目に止まり、入ってみました。

そして奥の棚にあった1冊の本に興味を惹《ひ》かれ、パッと開いてみると、ひとりの画家の絵がありました。

その画家の名は河鍋暁斎《かわなべきょうさい》。

幕末から明治初期にかけて活躍した画家で、最近は戯画と呼ばれるユニークな浮世絵で有名です。

しかし当時はそれほど脚光を浴びておらず、私もその存在を知りませんでした。

自分の本名、斎藤暁《さとる》の「暁」と、名字の「斎」を画号にしているこの画家に、私はすぐ親近感を覚えました。

しかも、ユニークな絵のタッチや創作姿勢など私との共通項が多く、早描きをしたり似顔絵を描いたりしながら全国を旅するスタイルもそっくり。

さらに、仏様や人物画など、描く素材もとても似ていました。

そのとき、暁斎が神社やお寺の天井画を描いていることも知りました。

当時の私は、まだ天井画を描きはじめていなかったのですが、彼が天井画を描いていたことは強く印象に残りました。

もっと暁斎について知りたいと、他の棚も探しましたが見当たりません。

結局、暁斎の情報が載っていたのは、最初に開いたそのページだけでした。

この日、暁斎という画家に出会い、強烈な印象を得た体験は、いまの活動の大きな動機になっています。

それから10年ほど経って、長野県戸隠のお寺の天井に絵を描かせていただくことになりました。**それは奇《く》しくも、暁斎の代表作といわれる天井画がある戸隠神社のすぐ裏にあるお寺。ご縁を感じずにはいられませんでした。**

大きな流れは、最初はふと訪れるささやかな直感から始まります。

流れを作りだす方法 3

喜んでもらえる小さなことが天職につながる

「誰かに喜んでもらえること」を見つけてやっていくと、自分の流れが自然にできていきます。特別な技術や才能がなくてもかまいません。

たとえば、あなたの作るご飯を家族が喜んでくれるのなら、さらにおいしいご飯を作って、もっと喜ばせてあげる。

「いつも親身に話を聞いてくれて救われる」と言ってくれる友達がいるのなら、その相手をこれからも喜ばせる。

そうした日常でできる小さなことを繰り返していけば、いつか仕事として成り立つ日が来たり、人間関係が豊かになったりと、人生がよい方向に流れていきます。

私が画家になったのも、まさに「喜んでもらえる小さなこと」を繰り返したからでした。

若き日の自転車の旅で、私は学童保育や不登校児のケアサービスなどでボランティアをしていました。

そこでキャラクターの絵を描くと、子どもたちがとても喜んでくれます。

その笑顔がうれしくて、いつも自分なりに工夫を凝らしていました。

するとある日、ひとりのお母さんから「家に飾る風景画を描いてほしい」と依頼があったのです。

風景画といってもさまざま。せっかくなら喜んでほしいと私は思いました。

「絵の勉強をしたことがないのですが一生懸命描きます。どんな風景がいいでしょうか」と尋ねて、頭の中のイメージを話してもらい、その通りに南国の海の絵を描きました。

依頼主は「どうして、私の思い浮かべていた通りの絵になったの⁉」と驚いていましたが、言われたままに描いたのだから当然でした（笑）。

驚いたのは、その後の展開です。

そこから口コミが広がり、次々に絵の依頼が来るようになったのです。

そうするうちに、お寺のご住職の奥さんから「もしかして、仏様の絵を描ける?」と尋ねられました。

「うまく描けるかどうかわからないけど、やってみます」と描いたところ、これが大好評。

この絵がきっかけでお寺から次々に依頼が舞い込んだので、心を込めて取り組んでいきました。

すると、**あるお寺から「龍を描いてほしい」と依頼があり、導かれるように龍の天井画を描きはじめることになったのです。**

この話をすると、「さぞ、子ども時代から絵が得意だったんでしょうね」と言われますが、**学生時代、美術の成績は10段階評価の「3」(笑)。**

絵を描くのは好きでしたが、けっして上手だったわけではありません。

しかし振り返ってみると、小学3年生くらいから仏様の絵を描いていたのです。

当時、日曜坐禅会《ざぜんかい》に通っていた母親に連れられ、私は毎週お寺に通っていました。でも、やんちゃざかりの小学生に坐禅なんてできません。

「勉強していなさい」と紙と鉛筆を渡され、いつも別室で待っていました。

そこで、勉強が大嫌いだった私はふと目に止まった仏様の絵を模写するようになりました。

すると、坐禅会に参加していたご年配の方々がその絵を見て、「まあ、上手！」「うまいわね」と100円、200円で買ってくれるようになったのです。

当時の小学生にとっては大きな金額です。

けっしてうまくない落書きのような自分の絵でも喜ばれて、おこづかいももらえる。子ども心にうれしかったのを覚えています。

このとき、誰かに喜んでもらえるうれしさを初めて味わいました。

そのうれしさが、画家へと導いてくれたのかもしれません。

流れを作りだす方法 4

「喜んでくれる人は誰か」を見極める

人を喜ばせるときに忘れてはならない視点があります。

それは、「喜んでくれる人」を喜ばせること。

どの方向に流れを作ればいいかを教えてくれる存在が、「喜んでくれる人」だからです。


20代なかばの頃、ある塾経営者に出会いました。

その方は、ごく普通の中年女性です。でも小学生向けの塾をいくつも経営していて、当時、大学教授より高い年収を得ていました。

ご自身がおっしゃるには、「自分の学力は中学生くらい」とのこと。

大学での授業はもちろん、大学受験向けの指導もできなかったでしょう。

しかし彼女は、**小学生の学力を上げる能力、つまり、彼らを喜ばせる能力を持**

っていて、それを最大限に活《い》かしました。

だから、塾は大繁盛。その結果、大学生を教える教授より稼ぐという流れを作れたのです。

たとえば、ビジネスを始めようとするときは、つい「集客のために営業やＰＲに力をいれなきゃ」と考えがちです。

それも大切ですが、もっとも重要なのはそこではありません。

喜んでくれる人は誰かを見極め、よく観察して、どうしたらもっと喜んでくれるかを考えることです。

恋愛や人間関係も同じかもしれません。自分に興味がない人を喜ばせようとするのは至難の業。学生時代、自分に気のない相手を振り向かせようと無駄な努力をして、撃沈した経験がある人もいるのではないでしょうか（笑）。

あなたの存在や、あなたがやることを喜んでくれる人が必ずいます。

まずは、その人たちを喜ばせることだけを考えていきましょう。

私が、喜んでくれる人を喜ばせる大切さに気づいたのは、ある場所で、キリス

郵 便 は が き

料金受取人払郵便

新宿北局承認

9181

差出有効期間
2026年 1 月
31日まで
切手を貼らずに
お出しください。

169-8790

174

東京都新宿区
北新宿2-21-1
新宿フロントタワー29F

サンマーク出版愛読者係行

ご住所	〒		都道府県
フリガナ		☎	
お名前		(　　　)	
電子メールアドレス			

ご記入されたご住所、お名前、メールアドレスなどは企画の参考、企画用アンケートの依頼、および商品情報の案内の目的にのみ使用するもので、他の目的では使用いたしません。
尚、下記をご希望の方には無料で郵送いたしますので、□欄に✓印を記入し投函して下さい。

□サンマーク出版発行図書目録

1 お買い求めいただいた本の名。

2 本書をお読みになった感想。

3 お買い求めになった書店名。

市・区・郡　　　　町・村　　　　書店

4 本書をお買い求めになった動機は?

・書店で見て　　　　・人にすすめられて
・新聞広告を見て(朝日・読売・毎日・日経・その他＝　　　　)
・雑誌広告を見て(掲載誌＝　　　　)
・その他(　　　　)

ご購読ありがとうございます。今後の出版物の参考とさせていただきますので、上記のアンケートにお答えください。**抽選で毎月10名の方に図書カード(1000円分)をお送りします。**なお、ご記入いただいた個人情報以外のデータは編集資料の他、広告に使用させていただく場合がございます。

5 下記、ご記入お願いします。

ご職業	1 会社員(業種　　) 2 自営業(業種　　) 3 公務員(職種　　) 4 学生(中・高・高専・大・専門・院) 5 主婦　　6 その他(　　)		
性別	男・女	年齢	歳

ホームページ http://www.sunmark.co.jp　ご協力ありがとうございました。

ト教を信仰する方がまったく仏画に興味を示さなかったのを見たときです。

当たり前といえば当たり前ですね。

でもこのとき改めて、喜んでくれる人を喜ばせることの大切さに気づきました。

喜んでくれない人を喜ばせようとすると苦しいし、結果も出せません。

でも、喜んでくれる人を喜ばせれば、口コミで自然に広がっていきます。

ところが、なかなかそれに気づけないのも事実。

なぜかというと、自分のやりたいことやかなえたい夢に執着してしまうから。

つまり「我」を張ってしまうからです。

正観さんは、「我が強く、流れに逆らって生きるのは上流に向かってオールを漕《こ》ぐようなもの」と言い、「流れに逆らうと大変だけど、流れに乗ると楽ですよ」と教えてくれました。

流れに乗る人は「風流な人」なのだそうです。

しかし、そんな教えを受けていたにもかかわらず、私自身はずっとある夢に執着していたのです。

私は絵の仕事をしながらも、27歳頃までは「音楽」で身を立てたいと思っていました。自分で納得いくまでやってみないと気が済まない性格なので、正観さんに「絵を描くと成功するよ」とすすめられても、素直にうなずけなかったのです。

こういうと驚かれますが、当時はバンドを組み、路上やライブハウスなどで本格的に音楽活動を続けていました。ところが、ライブの反応はいまひとつ。リピーターになってくれるのは5%ほど(笑)。

しかし絵を描くとみんなとても喜んでくれて、次々にリクエストがやってきます。リピート率でいえば95%くらい。

音楽ではどんなに努力しても花開かないけれど、絵の方は努力しなくてもどんどん広がっていく。

どう見ても流れは絵にあるし、絵を喜んでくれる人の方が断然多い。

そう気づいて、ようやく絵の道に集中しようと決めたのです。

あなたができることで
喜んでくれる人を喜ばせることが

運の流れに乗る秘訣《ひけつ》。

流れを作りだす方法 5

どんな時間も真面目に向かい合えば未来につながる

人生の中では、自分の進みたい流れに乗り切れない時期もあります。

そんなときに焦らないこと。

考え方次第で、24時間すべてを未来のための時間にできます。

私は20代後半まで絵だけでは食べていけず、さまざまなバイトをしました。

数々のバイト経験は、いまになって生きています。

人生の流れって、本当に面白いですね。

当時の私は少しでも多く創作時間を確保したかったので、**造園業や運送業、大工など賃金の高い肉体労働を選んでいました。**

そういった仕事をすると、自然にさまざまな技術が身につきます。

たとえば、はしごに乗って高所で作業する技術、大きな荷物を運んだり梱包《こんぽう》したりする技術、天井板を打ちつける技術など。

これらの技術は、天井画を描いたり運んだりするときに大いに役立ちます。

先日もスケジュールが押す中、お願いしていた大工さんが急に来られなくなりました。そのときは自分で足場を組み、助手に支えてもらいながら天井に釘《くぎ》を打ちつけ、天井画を無事に設置することができました。

美術品なので百万円単位で費用がかかる梱包も、いざとなれば自分でできます。

たとえバイトでもお金をいただきながら、貴重な技術を学べたのだからありがたいことです。

食品配達のバイトでも、人生に無駄はないと感じました。

私がいたのは、なぜか暴走族の配達員が多い店。彼らはバイクを走らせるのは好きでも、勤務態度はよろしくありません（笑）。

真面目に働くのは、私ともうひとり、A君だけでした。

A君は私と同じ時期に食品配達を辞め、書店に就職しました。

その後10年ほど経ち、店長になったA君から突然連絡が来たのです。

彼は、こんなオファーをしてくれました。

「あの頃、サトル君は本当にがんばっていたよね。画家になったのなら、うちの店で展示会をしない？」

二つ返事で引き受けたのは、いうまでもありません。

その展示会は、地元の新聞に紹介され、そこから仕事が大きく広がっていきました。

ちなみに、バイト生活を長く続けた理由はもうひとつあります。

若い頃の私はどこにも居場所がなく、自分はどこに行けば喜ばれるのか、どこだったら自分という歯車が噛《か》み合うかを探していたのです。

学生時代はまったく勉強ができず得意なこともなかった私は、周りからほめられたり評価されたりした経験がほとんどありません。

どのくらい成績が悪かったか、学歴自慢をさせていただきます。

県内でも偏差値が最底辺の高校に入学。

その中でも偏差値が一番低いクラスに在籍。

テストで42人中の40番を取ったことが何度もあります。

下の２人は不登校だったので実質最下位。

県内ビリといってもいい成績でした（笑）。

おまけに3月生まれだったこともあり、小学校の頃も何をやっても人より遅れ、コンプレックスもありました。


そんな背景もあって、いま思えば一点集中で輝ける場所、自分という歯車がピタリと噛み合って喜ばれる場所を探したいという思いが強かったのかもしれません。


だから旅やバイトで居場所を探しました。

バイトの数は、学生時代からの日雇いも含めると40種類ほどにもなりました。

でも、そうやって試行錯誤した時間がすべて、いまの自分の糧になっています。

そう、人生に無駄はないのです。

流れを作りだす方法 6

ゴールを決めて「仮説を立てる」

自分の流れを進んでいくとき、私は必ず「仮説」を立てます。

そして、その仮説に「本気」で取り組みます。

「仮説を立てる」とは、たどり着きたいゴールを決めて、道筋を考えること。

そもそもゴールがわからなければ、どう進めばいいかわかりませんね。

でも行き先を決めれば、どのコースを選べばいいかが自然に見えてきます。

あなたも一度、自分の進む道を見通し、仮説を立ててみましょう。

仮説を立てるときは、間違いを怖《おそ》れないこと。

あくまでも仮説なので、ゴール設定も、そこに向かうまでの行動も修正するのが前提。

間違ったり失敗したりしたら、仮説を立て直せばいいだけです。

完璧でなくてもいいので、現時点でのゴールをイメージして、仮説を立てましょう。

最初は間違いＯＫ。最初の仮説があるからこそ、次の仮説につながります。

仮説をブラッシュアップしつづければ、人生の流れはどんどんスムーズになるのです。


それに、人生には何が起きるかわかりません。

一心に進んでいても、事故に遭ったり病気になったりして、軌道修正せざるを得ないこともあります。

また、災害やパンデミックなど不測の事態が起きることだってあります。

そんなときは状況を見て、臨機応変に対応すればいい。

「とりあえずの仮説だから、そのときどきの流れを見て上書きしよう」

そんなスタンスで考えましょう。


世の中は常に変化しています。

特にいまは、世界が大きく変わろうとしているタイミング。

その大切な時期に「失敗したくない」とじっとしているのは、何よりもったいないない。間違いを怖れず、イメージを膨らませていきましょう。

あのダーウィンの「進化論」も、ニュートンの「万有引力の法則」も、アインシュタインの「相対性理論」も、最初は仮説から生まれました。

あまり知られていませんが、進化論には「ミッシングリンク」という不明部分があり、そこを指摘して進化論そのものを否定する人もいます。

でも、進化論が世に及ぼした影響が多大なのは、誰もが認めるところです。

忘れてはならないのが、その仮説に本気で取り組むこと。

本気にならないと結果は出ないし、改善点も見えません。

間違いや挫折は成長のタイミングと考え、仮説を検証していきましょう。

自分の進みたい道の「仮説」を立てる。
状況や流れを見て、その仮説を
どんどんブラッシュアップしていけばいい。

流れを作りだす方法 7

「3つ先の流れ」を読んで行動する

ゴールへと進む過程では、「3つ先の流れ」を読みましょう。
たとえば、働くのがダルいと思ったとき、3つ先の流れはこうなります。

ひとつ先、勤務時間中、適当に怠けながらやれば体が楽。
2つ先、仕事を覚えることができない。
3つ先、結果が出せず、評価も上がらない。会社にいづらくなってしまう。

では、仕事に真面目に取り組んだらどうでしょう。

ひとつ先、がんばって働くと、心身共に疲れる。
2つ先、仕事を覚え、その楽しさがわかってくる。

３つ先、成績が上がり、評価が高くなって昇進する。仕事がもっと楽しくなり、采配できることも増えていく。

どうでしょう。**３つ先を考えると、流れがスッと見通せますね。**

すると、一時の感情で動くリスクを減らせます。

この考え方を教えてくれたのは、理科教師だった母でした。

母の口癖は、「次にどうなるかを想像しなさい」「全体の流れを見なさい」。

たとえば天気図を見て、「この雲が南に動いたら、日本の天気はどうなると思う？」と母は問います。

答えを出そうと先を予測しているうちに、サトル少年はいつの間にか、３つ先の流れを読む考え方が身についたのです。

ただ、それが実践できるようになったのは、ずっと後のこと。

やんちゃだった10代の頃は、嫌味を言われたり、自分の「正義」と違う意見をぶつけられたりしたら、言い負かしていました。

しかし、そのときはスッとしても、流れから見たら何のメリットもありません。

むしろ、恨みを買ってしまいます。

それに気づいて、「3つ先」を意識するようになり、人付き合いや仕事の段取りがずっと楽になったのでした。

母は、生態系の循環や季節の巡りを例に、物事の全体像を捉える大切さも教えてくれました。

たとえば寒い冬、樹木は大地に根を張って力を蓄える。春に若葉を芽吹かせて夏に成長し、秋に実をつけて、また冬を迎える。

自然も物事も「点」ではなく、大きな流れで動いています。その全体像を常に意識しておくと、大局を見て最適解を出せるようになるのです。

「3つ先」の展開を
考えて行動すると、
人付き合いも仕事も
ずっと楽になる。

流れを作りだす方法 8

赤信号で止まるから流れがスムーズになる

人生を進む途中では、時に、立ち止まる勇気も必要です。

運転中に赤信号で止まらなければ、事故を起こしてしまいますね。

たとえば、「一生懸命やっているのにまったく結果が出ない」「トラブルやいさかいがひんぱんに起こる」「やる気が出ず、体調を崩しがち」。

こういったときは、赤信号。「いったん停止」のサインだと考えましょう。

そんな兆候に気づかず前進しようとすると、流れがさらに乱れます。

「ちょっとした違和感」を見逃さない注意力が重要です。

赤信号できちんと止まるから、次にスタートしたら順調に進めるのです。

人生の流れにも、社会の流れにも「潮目」があります。

スムーズな航海をするには、潮目を適切に読まなければなりません。

自分は進みたいのになぜか流れが悪いのは、違う潮目に乗っているとき。

災害やパンデミックなどで社会の流れが停滞しているのは、潮目の転換期にあるとき。いずれにしてもそのまま進むのは危険なので、一度止まって状況確認が必要です。

止まることに焦りや不安を感じたら、「いまは力を貯《た》める時期だ」と考えてください。

龍の伝統的な絵柄に「蟠龍図《ばんりゅうず》」というものがあります。とぐろを巻いた龍が、じっとして動かずエネルギーを蓄える時期も必要だと教える絵です。

「夢をかなえたい」「成功したい」と強く願えば願うほど、その思いに囚《とら》われて力技でなんとかしようとしがち。

そんなときこそ、蟠龍のように大きな流れを見て「我」を抜くことが大切です。むやみにアクセルを踏むだけでなく、適切にストップしたり軌道修正したりできるから、安全にスムーズにゴールできるのです。

流れを作りだす方法 9

チャンスの女神は後ろ髪がボーボー!?

時には立ち止まることも必要というと、「チャンスの女神は前髪しかないっていうじゃないですか。だから、タイミングを逃さないようにしないと」とおっしゃる方がいます。

安心してください。チャンスの女神は、後ろ髪がボーボーです。

目を皿のようにしてチャンスを探すより大事なのは、「準備」。

準備不足で女神の前髪をつかんでも、チャンスは手からスルッと逃げていきます。

何より、準備ができていないのにチャンスが来ても結構つらいのです。

私自身がそうだったのでよくわかります。

ありがたいことに、私は20代で正観さんの本のイラストを手掛けはじめました。

同時に、無名だった私に、急に注目が集まるようになりました。

周囲の人は「チャンスをつかんだな」と思ったかもしれません。

でも私が感じていたのは、戸惑いと苦しさでした。

ずっと気楽に絵を描いていたのに、一気に実力以上の評価をされたからです。

だから、一念発起。コツコツ勉強し、実力をつける努力をしました。

その過程では、逃したチャンスもあったかもしれません。

でも実力さえあれば、向こうから後ろ髪ボーボーの女神がやってきてくれる。

そう思っていました。


よく「準備8割」「準備9割」といいますが、それではまだ甘い。

やるべき準備を10割やって、さらに1割増し。

「準備11割」を目指しましょう。

準備した分だけ、手にしたい未来が近づいてきてくれます。

準備とは自分自身を高め、成長していくことですから「完成」はありません。

私は画家なので、いまもひたすら絵の腕を磨き、人間性を高める勉強をして準備しています。

あなたの専門分野や持ち場では、どんな技術や心構えが必要でしょうか。

準備の一環として、すぐできることがあります。

自分の乗りたい流れ、つかみたいチャンスにふさわしい自分を作りましょう。

私は天井画を描きはじめたときから、「日本一の天井画絵師だったら、どうふるまうだろう」と考えてきました。

そして話し方はもちろん、歩き方や立ち方、食事の仕方なども含めて、「日本一の天井画絵師」を意識してみました。

なりたい未来像にふさわしい自分を先に作っておけば、勝手にそこに向かう流れがやってくると思ったからです。

あなたも、自分の目指したい未来像を思い浮かべ、今日から準備を始めてください。

準備は11割。

準備した分だけ、
手にしたい未来が近づいてくる。

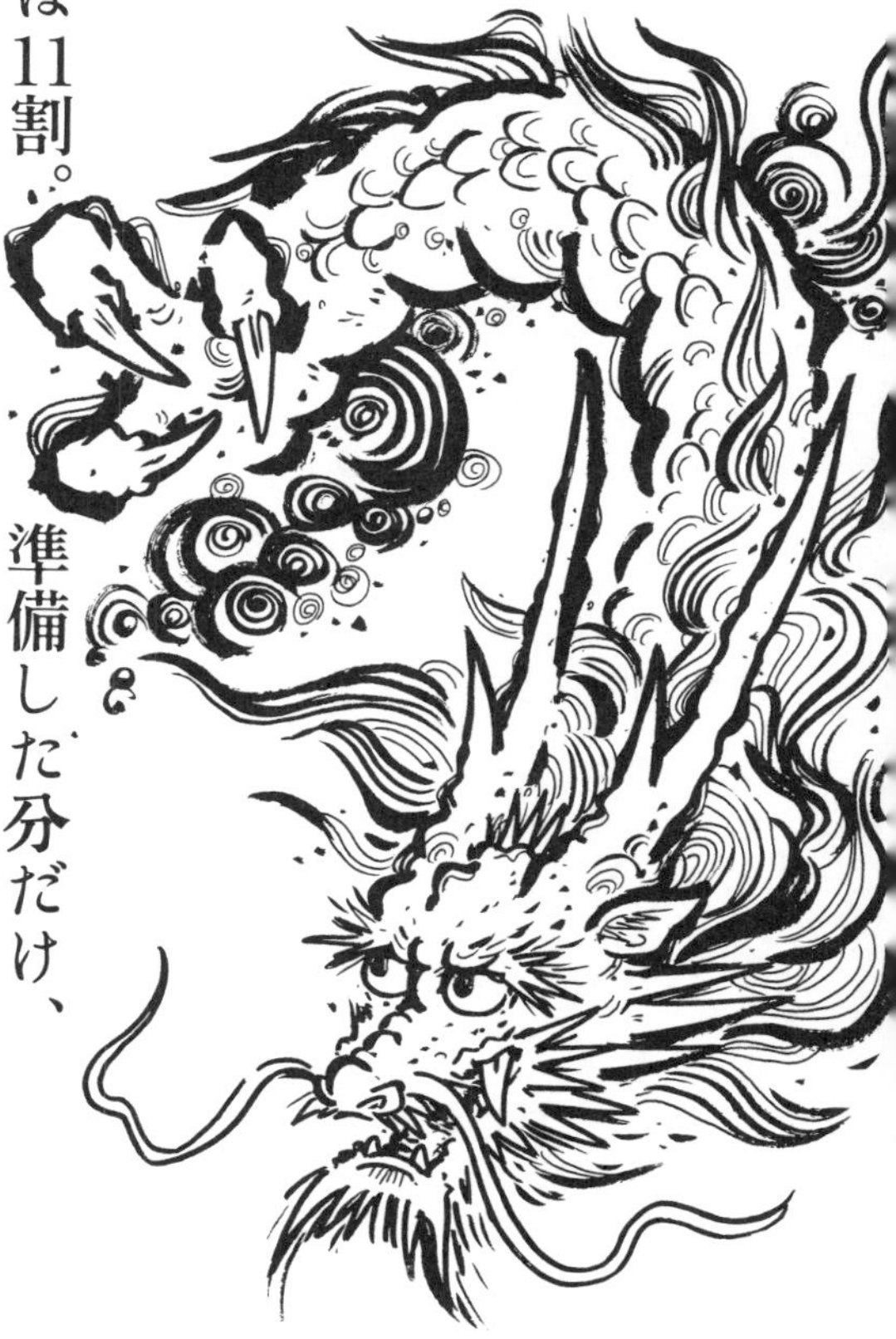

流れを作りだす方法 10

「この世はチャンスだらけ」と思って周囲を見る

時には、「あのチャンスをつかみたかった」とくやしい思いをすることもあるでしょう。しかし、通り過ぎた流れにこだわらなくても大丈夫。

逃してしまったのなら、それはあなたが乗るチャンスではなかったのです。

チャンスは、次から次にやってきます。

だって、この世にはチャンスしかないのですから。

そういうと、これまた「えぇ!?」という顔をされます。

もし、あなたのかなえたい夢がオリンピックで金メダルを取ることだったら、女神にはとても短い前髪しかないかもしれません。

選び抜かれたスポーツ選手が、4年に1度しかない大会で世界一を目指すのですから。でも「スポーツ業界に貢献して、多くの人を笑顔にしたい」といった夢であれば、日常はチャンスだらけ。

少なくとも私は、そんな目線で世界を見てきました。

たとえば、近所のスーパーに行ったとします。

そのとき「画家である自分がこのスーパーを流行《はや》らせるために、何ができるかな」という目線で見回すと、看板やポップ、チラシなどのアイデアが浮かんできます。

もしあなたが、カウンセラーやコーチだったとしたら、スーパーの従業員のメンタルケアやコーチングのプランがアイデアとして浮かぶかもしれません。

経営コンサルタントだったら、立地条件や品揃《しなぞろ》えを見て、経営改革案が湧いてくるかもしれません。

もちろん、「実際にそれを提案しましょう」という話ではありません。

あらゆる場面で、自分のスキルや実力を活かす方法を考え、何ができるかをイメージしながら世の中を見ていくと、できることが限りなくあるとわかるはず。

すると、そこにはチャンスしかないのです。

人生というゲームを楽しむ

人は、人生を平穏無事に過ごしたいと願うものです。

それは人類共通の願いですから、悪いわけではありません。

しかし、源流から河口まで一直線に流れる川がないように、人生も右へ左へ蛇行しながら進みます。

失敗やアクシデント、不本意な出来事に一切見舞われず、人生を送るのは、残念ながら無理というものです。

そもそも、人生においてトラブルや障害がひとつもなければ、そこには本人の成長も学びも、そして楽しみもありません。

私たちの人生は、あの世界的ゲーム「スーパーマリオブラザーズ」だと思いましょう。

これは、主人公のマリオが敵を倒しながらお姫様を助けるゲームですが、何の仕掛けも障害物もなく、敵も一切出てこない。

山も砂漠も土管もなく、ただボタンを押しつづけていれば、マリオが自動的にまっすぐ進んでクリアできてしまう。

そんなゲームだったら、少しも楽しくありませんね。


ジョーカーの入っていないババ抜きと同じで、まったく面白みがありません。

人生も、ゲームと同じ。

日々起きるさまざまな出来事を、時にはつまずいたり転んだりしながらクリアするから楽しいし、いきいきとした流れになるのです。

episode 龍

龍の進化形は「鳳凰」

いくつかの地域には、龍が進化すると鳳凰《ほうおう》になるという伝説があります。

鳳凰は、瑞兆《ずいちょう》や幸福を表す霊鳥ですが、これは動物学的に見ても、じつは正しいのです。

6500万年前、地球に落ちてきた隕石によって恐竜はほとんど絶滅し、生き残ったわずかな個体が鳥類へと進化しました。伝説を科学的に裏付ける学説があるのは興味深いですね。

その一方で、龍が進化したら麒麟《きりん》や「龍亀《ろんぐい》」と呼ばれる亀になるという言い伝えもあります。麒麟は、龍の頭に馬の体、龍亀は、龍の頭に亀の体を持つ神獣。

どちらも、繁栄や天下泰平をもたらす存在として尊ばれています。

3章

森羅万象との対話

古代より大自然の流れとの対話こそ龍との対話だった

大陸から日本にやってくる鳥は、どうやってあの小さな体で広い海を渡ってくるのでしょうか？

鳥たちは、常に風の流れを読み、風と対話しながら飛んでいます。

だから追い風に乗って前に進み、時には、向かい風を受けて高く飛んで、海に落ちることも体力を使い切ることもなく、日本に無事たどり着けるのです。

人生も同じこと。いまの自分に訪れている流れを感じ、読み解けば早くスムーズに進んでいけます。

いまを読み解き、自分の流れを作っていくために欠かせないのが「対話」です。

対話というと、堅苦しいイメージがあるかもしれませんね。

簡単にいえば「おしゃべり」のこと。

五感を使って身のまわりの出来事や自然、自分の心や体の声を感じ取り、振り返っていきます。

すると、自分の状況や全体の流れがわかり、よりよい方向に進んでいけるのです。

そうはいっても、日頃から自分や周囲に注意を向けて対話する時間なんて、なかなかとれませんね。1日はあっという間に過ぎていきます。

だからこそ、一呼吸おいて五感のすべてに意識を向ける。

そして、耳を澄ませ、目を凝らしてみるのです。

日常の流れから降りて、ほんの数十秒でも五感を研ぎ澄ませると、空気や時の流れ、お金や人の流れ、血液の流れなど、自分がさまざまな流れの中に存在しているとわかるでしょう。

繰り返しますが、対話といってもけっしてむずかしくはありません。

たとえば真冬の朝、今日は寒くなりそうだと感じたら、防寒対策をして風邪を予防する。酷暑の時期は、暑さを我慢せず炎天下を避け、水分補給をする。

そうやって**自然や自分の体と向き合い、自分の身を守るのも立派な対話です。**

自然、人、時間、お金……
万物は絶えず次々と生まれ、
生き、龍のように
留《とど》まることなく流れる。
その流れとの対話こそ、
人生をうまく運ぶサポートとなる。

「病上手に死に下手」ということわざがあります。

持病のある人や体の弱い人は、常に自分の体と対話して養生するので、かえって長生きできる。

しかし、普段元気な人は体調を省みず、がんばってしまう。

それで病気が進むまで気づかなかったり、いきなり大病をしたりするという意味。対話の大切さを表した言葉です。

対話が必要なのは、自分の体だけではありません。

雲の流れも風の流れも、地球の磁気の流れも、人や時間の流れも、お金の流れも、そして、あなたの人生の流れも「生生流転」。

万物は絶えず次々と生まれ、生き、龍のように留まることなく流れています。

その流れとの対話こそ、人生をうまく運ぶサポートとなるのです。

花に鳥に……そして電化製品にも！心の中で「問いかけ」対話をする

さて、いまあなたはこう思っているかもしれません。

「人間との会話もうまくいかないのに、周囲と対話するってどういうこと⁉」

「身のまわりのものと対話するといわれても、ピンとこないなあ」

たしかに、いままで対話という作業をしてこなかったのですから、そう感じるのも当然です。

対話とは、五感を使って感じ取ることだといいましたが、**その準備として、こちらから〝相手〟に向かって話しかけてみましょう**（もちろん、心の中でいいですよ！）。

たとえば、花に「きれいだね」「もう少しで咲くね」などと声をかける。

服を着るときに「今日もよろしく」と言って腕を通す。

散歩中に見かけた鳥に「元気？」とあいさつする。

雨が降りそうなら「もうすぐ降り出すの？」と、空に聞いてみる。

それが、相手とのコミュニケーションのきっかけになります。

当然ながら、答えが返ってくるわけではありません。

しかし、「花が喜んでいるみたいだな」「やっぱりこの服は肌触りがいい」「鳥の姿がかわいい」「湿っぽい空気だな」などと、さまざまな感覚を覚えるはずです。

そのやり取りを繰り返していくと五感が磨かれ、周囲や自分自身の変化を感じ取りやすくなります。その作業が対話につながっていくのです。

普段使っている道具や電化製品、パソコンなどと対話するのも面白いですよ。

私はパソコン作業や動画配信をするとき、よくこんなふうに話しています。

「もう少し、Wi-Fiの電波が飛んでくれないかなあ。そうそう、いい感じ」

「あれ、いつもより音が反響してるな。調整しよう。この音量がベストだな」

そうやって、「今日のパソコンのご機嫌はどうかな」「機器の状態は順調だろうか」と問いかけながら調整していくのです。

すると、数値計やモニターの表示だけを見て自動的に操作するときとは、ひと味違う対話の時間が生まれます。

機械好きな人は、この作業を無意識にやっているかもしれませんね。

これからは範囲を広げ、ぜひ周囲のさまざまなものに声をかけ、対話を深めていってください。

大げさに聞こえるかもしれませんが、そういった対話は人生の喜びになります。

日々を豊かにしてくれます。

何よりも自分自身の流れ、乗るべき風を見極める感性を磨いてくれます。

ある幼稚園の先生から教えてもらったことです。

毎朝園児たちを迎えていると、いつもと同じような「おはよう」といったあいさつの中でも、なぜか体の状態や心の状況がわかるときがあると言います。

みなさまにも同じような体験は多々あるでしょう。

いつものように「おはよう」とあいさつをされても、笑顔の中に微《かす》かな陰りを察知して、何かの違和感を覚える。どうやら家で嫌なことがあったみたいだとわかる。
日々話しかけるだけで、言葉では説明できない直感が冴《さ》えはじめ、いつもと同じようでも、「何かいいことがあったのか？」「何か悩み事でもあるのかも？」と察知力が高まっていくのです。

それは人でも物でも大自然でも同じです。

自分の人生を取り巻くあらゆる流れと対話をすることで、言葉にはできない察知力が高まり、直感力が冴えます。

そして、日々の流れがスムーズになったり、シンクロニシティや奇跡のような体験も増えてきたりするのです。

テレビもネットもない、鉄もコンクリートの家もない、命の安全を保障するものがない時代、人は大自然の雲や水の流れ、まさに龍と対話をして生き延びてきたのです。

地球を取り巻く龍のごとき
ダイナミックなエネルギーを受け取る方法

悩みや心配事があると私たちの視野はとたんに狭まり、五感は鈍ってしまいます。対話がおろそかになり、正しい状況判断ができません。

目の前のことに忙殺されているとき、執着や欲に囚《とら》われているときも同じです。

また、「自分は大丈夫」という過信も対話を忘れさせます。


そんなときは、自然を感じてください。

自然と対話し、自分の中の〝野性〟を取り戻すのです。

すると、脳や五感がクリアになり、自分を取り巻く流れや心身と対話する余裕が生まれます。

大自然は生きています。

海や山、森や空、大地や大気に息づく流れを感じ、リアルな自然が秘めている生命力を感じましょう。

周囲の自然に意識を向けて感じようとする者が、自然から生命力を受け取れます。

自然の中で五感を解き放ってみると、言葉などでは追いつかないほどの大自然との対話が始まります。

五感で深呼吸をするように、その対話を味わいましょう。

対話していると、地球を取り巻くダイナミックなエネルギーがまるで龍のように思えてくるかもしれません。

そのとき、友人との会話に励まされるような感覚でエネルギーがチャージされ、自分の生命力と地球の生命力がのびのびと響き合っていく感覚が訪れます。

自然の中でリラックスしながら自分の気持ちを敏感に捉えていくと、自分が本当に望む流れが見えてきます。

いいインスピレーションや問題解決のヒントが浮かぶのは、そんなとき。

時には、悩みそのものが消えることもあるでしょう。

私も、天井画や襖絵《ふすまえ》に取り組むときは必ず山や海に行き、大自然の息吹を感じています。

静岡県三保半島にある私のアトリエ近くの海岸に、足を運ぶのが定番です。

変化に富んだ風の流れや壮大な雲のたたずまい、海の香りや波の音、木々のざわめきや草花のほほえみ、足元の石や砂の存在感……。

それらを五感で味わいながら歩き、瞑想《めいそう》をして、体の奥底から湧き上がってくる龍のイメージをスケッチしています。

古代の芸術家や絵師たちも大自然と向き合い、畏敬の念を持って自分の中から湧いてくるイメージを受け止めて、自分なりの龍や神々を描いたのでしょう。

ただ、残念ながら現代では、自然と対話する感性が鈍っているのも事実です。

歴史を振り返ると、人類は数百万年以上も前から圧倒的な自然と共に生き、対話しながら生き抜いてきました。

スマホもなければ天気予報もない時代、人類は大自然に息づく気配と対話しながら生きてきたのです。

電気も水道も、堅固な家もない自然の中で生きることは死の恐怖と隣り合わせであり、同時に、生の喜びと隣り合わせでした。

しかし18世紀半ば、イギリスで産業革命が起こり、近代化が始まります。

それからわずか約２５０年で、電気や水道、交通などのインフラが整い、誰もがスマホを手にするようになったいま。

精密機器や人工物に囲まれた私たちは、自然との対話を忘れ、手のひらにあるスマホの情報を頼りに生きるようになりました。

森羅万象の流れを察知し、生き抜く感性も衰えてしまっています。

龍のような勢いで進むには、いまこそ流れを感じ、対話する力を取り戻すとき。

自然との対話をふたたび始めるときです。

風が吹いてくるのは「神様の息がかかった」というサイン

大自然の中に行けなければ、身近な自然でもかまいません。

五感をオンにして、近所の木々や草花、大空を流れる雲や太陽の光、大地を踏みしめる感覚、鳥たちの鳴き声や葉ずれの音、その日の気温や湿度などを感じてみてください。

「いや、忙しくてそれすらできないよ」

というときもありますよね。

そんなときは、風を感じましょう。

風は、自然という身近で大切な存在を思い出させ、心にゆとりを運んでくれます。

「風を感じよう」と歌うヒット曲はいくつもありますね。

風の流れをキャッチするのは、自然を感じることそのもの。

空を見上げながら、公園でベンチに座りながら、風に意識を向けてみましょう。

英語で「祝福」は「Blessing（ブレッシング）」。

神のブレス（息）を感じ、恩恵を受けるという意味です。

だから、**風が吹いてくるのは「神様の息がかかった」というサインともいわれています。**

心地よい風に対して「ありがとう！」と声をかけ、そのさわやかさを感じてください。そこに神様の応援を感じ、「神様から祝福されてるなあ。いいことがあるかも」と喜んでください。

すると、たいてい「よいこと」が起こります。

理由は簡単。

自分の意識が自分自身の現実を、そしてよい流れを作るからです。

自然との対話で直感力が磨かれるのは、
脳の「前頭葉」が活性化されるから

私が古代人のような感覚に戻って、真剣に自然と対話したのは自転車での全国旅のとき。

じつをいうと、北は埼玉から西は広島まで。

「全国」というと、ちょっと大げさですね（笑）。

それでも、関西から北陸までは野宿しながらの冒険旅行。

雨に降られれば、体は冷えるし荷物は濡《ぬ》れます。

また前方が見づらくなり、タイヤは滑りやすくなる。

日々の天気や気温は死活問題でした。

危険だし体力も消耗するので、天候を見て行動しなければなりません。

おのずと風や湿度、雲の流れに敏感になり、いつの間にか天気を予測できるようになったのです。

当時は節約しながらの貧乏旅行。

毎日、煮干しを一袋だけ買って食事代わりに噛《か》みながら、空腹を紛らわしていました。その **〝煮干し〟とも「対話」しました。**

ずっとひとりで旅していると、話し相手がいなくて寂しくなります。

それで私はいつも煮干しに話しかけてから、パクッと口にいれていたのです。

最初の一口は苦いのですが、噛んでいるとだんだん甘くなります。

「ああ、おいしいなあ」と、一匹の煮干しに感謝しながら自転車を漕《こ》いでいました。

このような体験が感性を磨き、いまの流れへとつながったのだと思います。

大自然の流れを感じるほどに、自分の人生の流れを感じる感性も高まります。

なぜなら、自然の中に身を置くと、脳の司令塔ともいわれる「前頭葉」が活性化されるからです。

前頭葉は、世界を感じる第三の目。

脳の中でも集中力や判断力、予測能力を司《つかさど》る部分です。

前頭葉で世界を感じられるようになると直感力が磨かれ、人生の流れをスッと

風のざわめきに耳を傾け、
空の変化や街路樹の姿に心を向ければ、
世界を感じる第三の目が開く。

見通しやすくなるのです。

その前頭葉は、20歳を過ぎてからも成熟することがわかっています。

また、不思議なことに前頭葉は、雑音の中で育つともいわれています。

都会にいても、風のざわめきに耳を傾け、空の変化や街路樹の姿に心を向ければ、そこで受け取った刺激は必ず前頭葉に届くのです。

「木と対話」するような感覚になったときの話

私が植木屋さんでバイトしているとき。

来る日も来る日も庭木の枝を切ったり、水をやったりしていました。すると、

「ここが伸びすぎているから切ってほしい」

「のどが渇いたから水が欲しい」

木が語りかけてくるように思えたのです。

これは、枝ぶりや葉のツヤ、手触りなどの非言語の情報を脳内で変換し、「言葉」として認識していたから。でもそれこそが、木々との対話でした。

このように、対話といっても自然が「日本語」で語りかけてくることはありません。

言葉を使わずとも対話はできます。

私たちは言語が違う海外の人とはなかなか話せませんが、しぐさや表情を使えばコミュニケーションをとれます。時には、そこに言葉を超えた深い交流が生まれます。

また種類が違う生き物とも、非言語でコミュニケーションが可能です。

たとえば、犬が尻尾を振るのは、うれしかったり好奇心があったりするとき。腹を見せてきたら友情の証《あかし》であり、歯茎を出していれば嫌われているということ。猫が尻尾を大きくユラユラさせていたら考え事をしているときで、前足をポンと前に出したら、こちらを警戒しています。

犬や猫と暮らしていると、自然にそういったことがわかるようになります。

他にも、生き物の種類によって個別の信号や法則があり、それを読み解けば対話が可能です。

何がいいたいかというと、**自然を観察し、五感を使っていくことで対話できるようになる**ということです。

念のためにいうと、**「人が決めた正解」を探すのが対話ではありません。**

自分なりの感性で目の前の自然と自由に向き合っていけば、おのずと向こうから語りかけてくれるでしょう。

長年神様や龍を描いてきた私が実感する「見えないものとの対話法」

「斎灯さんは神様が見えるんですか？」

よく講演会などでこう聞かれます。

私はいつも、「すべてのものが神様にしか見えません」と答えます。

私にとって神様とは、「宇宙そのもの」です。

これは単なる思い込みではありません。

これまで、宇宙の成り立ちに興味を持っていろいろな文献や資料にあたってきましたが、科学的にも、「宇宙には何らかの意識がある」といわれています。

その意識とは、「神」だといっていいでしょう。この地球も、宇宙の一部。だから、目の前のコップも水も木々も草花も、あなたも宇宙の一部であり、神様そのもの。つまり、目を開ければ「神様しか見えない」わけです。

ときどき、「見えない存在が見える」「神様の声が聞こえる」という方がいらっしゃいます。

すでにお話ししたように、そのような能力を否定するわけではありません。

でも、そもそも人間の目は、見えないものを無理に見るように作られていません。

また耳も、聞こえない音を無理に聞くようにもできていません。


神様も龍も、人間とは違う存在です。

だから、共通の言葉で対話するのはむずかしいし、人智《じんち》を超えた存在が人間に対して一方的に「お告げ」をくれるわけでもないはずです。

見えないものとの対話は、人間が全身全霊、全感覚を使ってその存在を感じ取ろうとするとき、自分なりのインスピレーションや啓示、虫の知らせといった形で成立するのではないでしょうか。

これが、長年絵を描くことを通して、神々や龍と対峙《たいじ》してきた私の実感です。

神様とは宇宙そのもの。
目を開ければ
「神様しか見えない」。

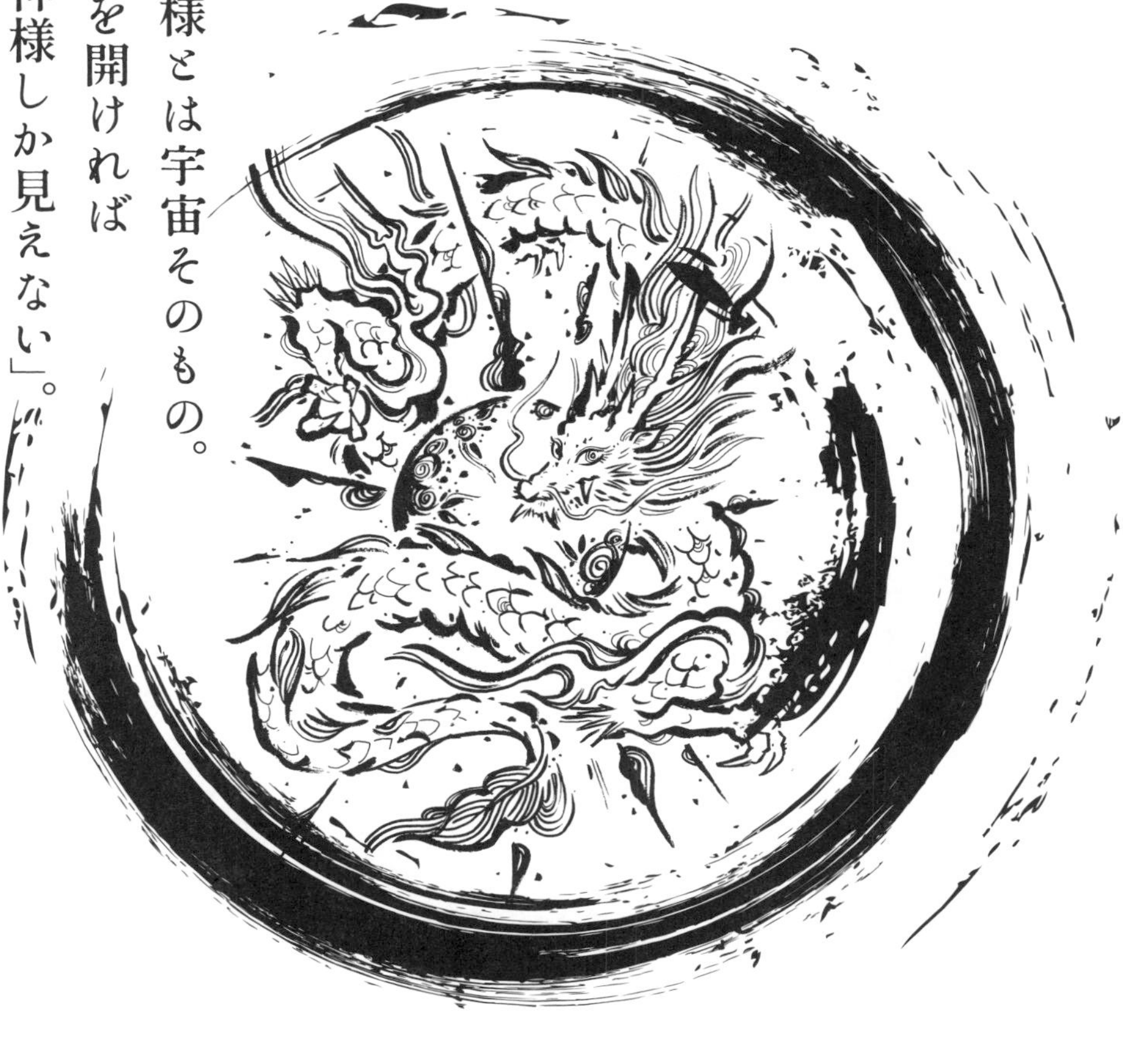

人間国宝や一流の職人は「声なき相手」と対話をしている

ちょっと自慢させてください。

みなさんの前で、龍や神仏の「即興描き」を披露するときがあります。

パフォーマンスでは、垂直にした黒いビニールシートに大きな紙を貼って描いていきます。紙が不安定で揺れているので、筆の置き場が定まりません。

しかも、数百人の前で打ち合わせなし、下書きなしの一発勝負。

そのとき、私はほとんど墨を床にたらさないんです。

なぜ床に墨をこぼさないかというと、道具と対話しているから。

その日の湿度や気温、絵の具の粘度や紙の張り具合などを細かく感じ、筆を押したときに伝わる繊細な感覚の違いを捉えて、次の筆を運びます。

同時に、筆や紙に「今日の調子はどう？　よろしくね」などと声をかけ、相手をひとつの存在として認識しながら描いていきます。

すると、感覚的な表現になってしまうのですが、筆や紙も私の創作に協力してくれるように思えます。

そして、墨や絵の具をこぼすことなく、思い描いた龍や神仏の姿が紙の中に立ち上がってくるのです。

私はまだまだ精進しなければいけない立場ですが、知り合いの人間国宝や一流職人の方たちからも同じようなことを聞いたことがあります。

彼らは、自然や素材、道具という「声なき相手」との対話をしているそうです。

相手と向き合い、そこに自分を合わせ、また相手を感じ取って調整していく。

傑出した作品や製品は、そういった作業によって生まれます。

ある和紙職人の方は、水も材料の楮《こうぞ》も和紙を漉《す》くための道具も、すべてが「生き物」で、毎日状態が違うと言います。

だから日々話しかけているとのことでした。

ある印刷会社の職人さんは、紙に触った瞬間、グラム単位でその紙の重さをい い当てられると言います。この神業も、声なき相手との対話があってこそ成り立ちます。

生命力を上げる「いただきます」「ごちそうさま」での対話

食事どきも、貴重な対話の時間。

「いただきます」「ごちそうさま」の意味を知ると、対話が深まります。

「いただきます」は、命を提供してくれた生き物、動物や魚はもちろん、野菜や果物、穀物すべての命をありがたくいただくことを意味しています。

食べたものが体を作るので、食べ物はまさに「自分自身」。

「いただきます」は、「自分」になってくれる食べ物のありがたさに思いを向けるための言葉です。

「ごちそうさま」の「ごちそう」は、「御馳走」と書きます。

冷蔵トラックや冷蔵庫のなかった江戸時代、おいしい魚を食べようと思ったら、漁港や魚市場にわざわざ行き、急いで帰らなければ食べられませんでした。

これは一例ですが、相手のために食材を調達しようと誰かが奔走し、調理してくれたからこそ目の前の食事があります。

その尽力に感謝する言葉が「ごちそうさま」です。

いつも何気なく食べている食事にも、たくさんの思いや流れがある。

それがわかると感謝の心が生まれます。

そして、大切に対話しながらいただこうと思えます。

炎天下にいたら汗で塩分が失われるので、しょっぱいものが欲しくなるでしょう。

また、胃の調子が悪いときには、消化のいいおかゆや、りんごのすりおろしが食べたいと思うかもしれません。

食べ物が自分の体に合っているか、必要な食品は何か。

目の前のものが腐っていないかを見極めるのも、対話があってこそ。

体と対話しながら食べるものを選んでいくと、体調がよくなるだけでなく、体のセンサーが敏感になっていきます。

時には食べ物が腐っていて、舌がピリピリしたり変な味がしたりすることがあるかもしれません。

でも上の空でぼんやり食べていたら、そういった異変にも気づけないもの。

丁寧に対話しながら食べることで、感謝の気持ちやすこやかな体が育まれます。

すると、生命力が上がっていきます。

「自分」になってくれる
食べ物のありがたさに「いただきます」。

こうして食事を用意してくれた
すべての人に「ごちそうさま」。

「これって本当かな？」情報は鵜呑みにせず、自分で考え検証する

私は勉強が苦手だったこともあり、「これってどういうこと？」「本当にそうかな？」と自問自答するタイプでした。

何でもまずは疑ってみて、自分で検証する。

そして、自分なりの答えを出す。

そんな性分だったので遠回りもしたし、時には失敗もしました。

でも、いつも納得いく道を進んでこられたように思います。

日々流れてくる情報とも対話していきましょう。

情報とは、メディアやネットの情報はもちろん、人の話や町中で目にするキャッチコピーなど、日頃見聞きすることすべて。

それらの情報を「鵜《う》呑《の》み」にせず自分で考え、検証するのです。

検証というと面倒そうですが、**まずは「これって本当かな?」と考えてみる姿勢があれば十分。**

それだけで、むやみに振り回されなくなります。

事実を知るのは大事。

ですが、過剰な恐怖心を持ったり、他人の人生をジャッジしたりするのに時間を使っていると、自分の流れを見失ってしまいます。

事件やスキャンダルが連日報道されていたとしても、そのほとんどは、自分の人生には関係ありませんね。

大きく報道されるニュースには、つい目が行きがちです。

しかし、流れてくる情報は作為的にセレクトされていると知っておくことも大切。

しかもそこに映っている情報は、あなたの五感で味わったものではない。

なおさら鵜呑みは危険ですね。

さらに、マスコミが作る流行に振り回されるのも要注意。

民放のテレビや動画が無料で見られるのは広告があるからですが、誤解を怖《おそ》れずいえば、どの情報も最終的には、スポンサーの利益を出すことが目的です。

必要な情報は取り入れても、メディアに踊らされない視点を持ちましょう。

理屈っぽいことをいうようですが、変化の激しい時代だからこそ、ますます情報との対話が必要です。

ネットで調べ物をするとき、**「これって、どうかな？」と考えながら精査していくと、単なる情報が「記憶」に変わります。**

また、その情報に対して「教えてくれてありがとう」と声をかければ、なおさら記憶が定着しやすくなります。

いったん情報と対話すると、「自分のもの」になりやすいのです。

その意味でも、一つひとつの情報との対話は大きな意味を持ちます。

でも本当は、受け取った情報が自分にとって正しいかどうか、私たちにはわかっています。

たとえば、こんなことはありませんか？

「言葉だけ聞けば立派だけど、なぜかしっくりこない」

「常識で考えればいい話だが、なんとなくひっかかるものがある」

「ありがたい教えには違いないが、素直にうなずけない」

それは、理屈ではなく感性で、受け取る情報の本質を見抜いているから。

自分自身との対話をおろそかにしていなければ、そんな違和感を見逃しません。


もともと私たちは、鋭い五感や直感を持っています。

人類が言葉を使えるようになったのは、3万年前くらいのこと。

それまで先祖は、何百万年も五感で物事を判断し、直感を使って生き延びてきました。その中で五感の鋭い個体だけが危険から逃れ、いまの私たちにつながっています。

つまり、私たちは優秀な五感を持つ〝選ばれし者〟なのです。

でもこれまでの流れの中で、常識や固定観念ができ、ストレスにさらされてきた。

そのため、鈍ってしまったセンサーの感度を磨くのが、日々の森羅万象との対話です。

「正しい」とは「偏見がないこと」

対話の際に気をつけたいのが、「疑うこと」はしても、頭から否定しないこと。

物事を否定するときには、たいてい自分の偏見が入っているもの。

否定から入ると、本当に「正しい」かどうかを見極められません。


ところで、「正しい」って何でしょうか？

仏教には「八正道」という考え方があります。

悟りを開くための8つの教えです。

その中で一番目に説かれているのが、「正見《しょうけん》」。

「執着や囚われから離れて、物事を正しく見る」ことです。

私なりに検証していったのですが、**仏教でいう「正しい」とは、「偏見がないこと」ではないかと思います。**

固定観念や思い込みに気づいてそれを手放し、対象物を「ありのまま」に見ること。

「ありのまま」……よく聞く言葉ですが、ちょっと捉えどころがないですね。でもこれこそが、五感を使って対話するときの大きなポイントです。


目の前のものをジャッジせず、そのまま受け取る。

過去の経験から物事を決めつけず、対象物をただ「あるがまま」に感じる。


たとえば、あなたは普段こんなことをやっていませんか？

沈む夕日を見て、自動的に「きれいだ」と思って写真をパチリと撮る。

そのままSNSに「美しい夕日だった」とコメントしてアップ。

友達にもLINEで送信。

もちろん、それ自体は素敵なことです。

しかし、もしかすると、この行動の裏には「夕日は美しいもの」「感動して当たり前」という思いが働いているかもしれません。

これは、ある種の「偏見」であり、ジャッジ。

「ありのまま」を見ているわけではありません。

だから固定観念を脇に置いて、夕日を全身で味わい、ありのままの姿を感じてみましょう。

そして、そのときに湧いてきた感覚や直感を大事にしていきましょう。

すると五感が磨かれ、大きな流れを見るセンスが養われていきます。

美醜や善悪の判断など、自分でも気づかない偏見は意外に多いもの。

丁寧に対話して、それらを外していくことが「正見」につながります。

正しいとは、偏見がないこと。
過去の経験から物事を決めつけず、
ただ「あるがまま」に感じる。

固定観念を外す「原始人瞑想」

固定観念を外し、一瞬で「ありのまま」に世界を見られる効果絶大な方法。
とてもシンプルなワークがあります。

「原始人の目線」で、世界を見てみるのです。

原始人の目で世界を見れば、そこには「奇跡」しかありません。
私はよく風呂上がりにこのワークをやります。
原始人になって見回してみると、衝撃の世界が広がっています。

まず、浴室ではシャワーから温かいお湯が出ることに驚愕《きょうがく》します。
そのお湯が排水溝に流れていく不思議な光景に驚きます。
換気扇がブーンと回っていて湯気が吸い込まれる。
電気が煌々《こうこう》とついているのも魔法のよう。

脱衣所では、鏡の存在にびっくり。
ふかふかのバスマットや平らな床に戸惑います。

そして部屋に行けば、冷蔵庫や電子レンジ、ソファやテレビ。
原始人としては、見たことのないものだらけです。
時間にすれば1、2分ほど。

現代生活がいかに驚きに満ちているかを感じるには十分な時間です。
私はこのワークを**「原始人瞑想」**と名付け、だいたい月に一度のペースで続けています。

時には、時間や場所を変えてやることもあります。
原始人の目線で町中やカフェを見たら、いかに自分が「普通」の暮らしに慣れ、凝り固まった思考になっているかを痛感します。

自分自身の内面との対話で「思い込み」と「いまの流れ」を知る

自分自身の内面と定期的に対話することも、私は大事にしています。知らず知らずのうちに握りしめている思い込みはないか。視界を曇らせている偏見はないか。

時間をとって、振り返ってみるのです。

誤解のないようにいうと、生きていくうえで必要な思い込みもあるので、いま持っている固定観念や信念のすべてを否定するわけではありません。

でも自分を窮屈にしたり、流れに乗って行動するのを妨げたりしている思い込みには、早く気づいて手放した方がいい。

そのために、まず自分がどんな思い込みを持っているのかを洗い出すのです。

具体的には、次のような質問を自分に投げかけ、素直な気持ちを感じます。

◉いま、自分はどう感じているか

「本当はいま、どう思ってる?」「〇〇について、どう感じてる?」「いま、どんな流れに乗っている?」「これから、どんな流れに乗りたい?」

◉自分の状態はどうか

「体調はどうかな」「気力は充実してる?」「この環境で満足してる?」「何を変えたいと思っている?」

◉自分を取り巻く環境はどうか

「いま、自分(世界)の流れはどこへ向かっているだろう」「周囲との人間関係はスムーズに流れているだろうか」

忙しいとどうしても、自分との対話が後回しになりがち。
だから月に一度はこの時間を確保するようにしています。
心を静めて正直な自分と対話を深めると、「いまの流れ」が浮かび上がってきます。また、自分が持っている思い込みや偏見が洗い出されてきます。
それを知るためにも欠かせない習慣です。

人はモヤモヤするために生まれてきた⁉
モヤモヤの正体は「愛」だった

自分との対話を続けても、日常の中では何かにつけ、心がモヤモヤするもの。

人間である限り、それは仕方ありません。

お話ししてきたことと矛盾するようですが、むしろ私は、モヤモヤとするのは「いいこと」だと思うのです。

なぜなら、モヤモヤするのは愛するものがあるという証拠だからです。

たとえば、絵描きである私は「いい絵を描きたい」と願い、また小説家なら「いい小説を書きたい」と願ってモヤモヤします。

子育て中の人は子どもを思って、恋愛中の人は相手を思ってモヤモヤします。

結局、人は自分が大切に思うものや愛するものに対して悩み、「もっとよくなりたい」「もっと何かしてあげたい」と願ってあれこれ考える。

つまり、モヤモヤの正体は「愛」なのです。

人は、愛するため、言い換えれば「モヤモヤするため」に生まれてきました。

「魂」という漢字がそれを表しています。

この字は「云」と「鬼」で成り立っていますが、「云」は「雲が立ち現れる様子」。つまり、モヤモヤしている様子を指します。

一方「鬼」は、本来、邪悪なものではなく「強いエネルギー」「意識のあるエネルギー」を意味します。

つまり、「混沌《こんとん》とした強いエネルギー」が人間の本質だというわけです。

だからモヤモヤして当たり前。

「いま、愛するものに対して魂からエネルギーをかけているのだ」と考えればいいのです。

古くから日本人は大自然と共に生き、空や山河、植物や動物と対話を続けてきました。また、あらゆるものに神を見出《みいだ》し、「八百万《やおよろず》の神」として信仰してきました。

これを「アニミズム」といいます。

私たちも、この伝統の流れの中に生きています。

人や自分、いつも使っている道具や普段の食事。私たちを生かしている自然や地球の仲間である動物、情報や本……。

万物との対話によってＤＮＡの記憶が目覚め、龍が目覚めます。

森羅万象に心を向けて話しかけ、その存在を感じていきましょう。

私たち日本人は、それが得意なのですから。

モヤモヤの正体は愛。
モヤモヤしたら、
愛するものに対して
魂からエネルギーを
かけているということ。

episode

龍

龍が教えてくれる「みんな違って、みんないい」

龍は、９つの生物の集合体だといわれています。

勇ましく美しい鹿の角、牛のように動きつづける耳、真実を見抜く赤いウサギの目、持久力のシンボルであるラクダのコブ、タカのようにキャッチ力のある爪、熊のように力強い手の平、ヘビのように柔軟な体、キラキラと輝きながら泳ぐ鯉《こい》のウロコ。９番目は諸説あり、「獅子《しし》のタテガミ」「イノシシの鼻」「ヒツジや馬の背中の毛」「ナマズのヒゲ」「貝の腹びれ」「ワニの尻尾」など。

ここに込められた祈りは、何か。私はこう思います。

みんな違って、みんないい。つまり、あなたは「あなた」でいい。

それぞれの人が自分を認め、個性を発揮して力を合わせようというメッセージが、龍という存在には込められているのです。

多様性の時代、それぞれの個性や生き方を尊重し、各自の能力を持ち寄って調和しながら進んでいくことが、これからますます求められます。龍は、そんな新しいあり方のシンボルだといえるでしょう。

4章

龍に育てられた日本発！

誇り高い生き方

誇り高く生きる人の4つの共通点

龍は古くから、「高貴なもの」「誇り高き者」の象徴でした。
数々の伝説において、龍は誇りを持って尊いものを守ってきました。
自分の中の龍が目覚めることで、誇り高い生き方へと変わっていきます。

じつは、人の脳の構造はみんな同じです。
何が能力の差を生むのでしょう。
それは、「誇り」です。誇りが人を強くしているのです。
さらに、誇りを持つことで広い視野と洞察力が生まれます。
そして、人生の流れを見通せるようになります。

誇り高く生きる人には、次のような4つの共通点があります。

1、自分自身も周囲の人も大切にできる
2、心の奥に静けさがあり、一喜一憂しない
3、自信があり、意思力や責任感が強い
4、間違いを素直に認め、すばやく修正できる

この章では、自分の中の龍と共に、誇り高く生きるためのヒントについてお話ししていきましょう。

しかしはじめに、あえて残念なお知らせをします。

「今日から、誇りを持つぞ!」と思っても、誇りは芽生えません。

ですが、「あること」をすると、誇りがふつふつと湧き上がってきます。

それは、「過去の流れを学ぶこと」。

なぜなら、私たちの「いま」は過去の流れの上に成り立っているからです。

誇りを持つきっかけは、流れの中にしかありません。

そして自分のルーツに光を当てれば、その流れをくむ自分自身を誇りに思えます。逆にいえば、過去の流れを知らずして誇りを持つことはむずかしいのです。

誇りが人を強くする。
誇りを持つには、
過去の流れを知ることから始まる。

歴史の一つひとつに思いを馳せるとき、私たちの中に誇りが生まれる

一口に「過去」といっても、何しろ、地球誕生から現在まで46億年！

そこにはいくつもの壮大な流れがあります。

単細胞生物からヒトになるまでの生命の流れ、文明が生まれた後の人類史の流れ、日本という国独自の流れ、家系の流れや個人の人生の流れ……。

自分なりにでいいので、それらを振り返っていくと、気の遠くなるような歴史の積み重ねに誰もが感動を覚えるでしょう。

その感動が誇りとなって、生き方を変えていきます。

といっても、長い歴史を振り返るのは膨大な作業ですね。

そこで、この本では大サービス。

〝超ダイジェスト〟で、生命の流れから振り返ってみましょう。

5億年前、古代の海で生まれた生命体は魚となり、地上へ上陸。二足歩行する哺乳類を経てヒトになり、火や道具を使い、言葉を獲得して文明を築きました。

……ざっくりすぎて、文明誕生までたった2行で済みました（笑）。

その後、アフリカで誕生した先祖は恐竜や肉食動物と戦いながら原始時代をサバイブし、食料を求めて世界各地に広がりました。

そして、戦乱や災害、疫病や飢饉《ききん》などを乗り越えて、いまの社会を築きました。

災害ひとつとっても、地震や火山の爆発、大洪水、旱魃《かんばつ》など、自然の脅威にどれほどさらされてきたかわかりません。

先祖が計り知れない苦難や厄災を克服し、必死で命をつないできたのだと思うと、自然に「ありがたいな」という感謝の気持ちが生まれますね。

日本の歴史を見れば、さらに胸が熱くなります。

教科書や歴史本を開けば、多くの偉人や賢人によってこの国の政治や経済の基盤が形作られてきたことがわかるはずです。

それだけではありません。

多くの先祖たちが、汗水たらして山林を開墾し、田畑を開き、漁業、工業など
それぞれの産業に従事してきました。
だからこそ経済が発展し、私たちは豊かさを享受できているのです。
歴史はドラマの宝庫であり、先人の知恵や努力、経験の集大成。
その一つひとつに思いを馳《は》せるとき、私たちの中に誇りが生まれます。

「龍」は誇り。

「流」は誇り。

お祭りや神社仏閣を大切に守り継いだ日本人の誇り

いま住んでいる地域や生まれた土地の歴史を見てみましょう。

そこには、その土地に生きた先人が築いた貴重な歩みがあります。

たとえば、あなたの地元にも何百年も続いているお祭りや伝統行事、神社、お寺などがあるはずです。

それらがいまも残っているのは、どの時代も途切れることなく、先祖たちが守ってくれたから。

その地域で暮らしをいとなんできた人たちの誇りが、脈々と紡がれてきたからです。

しかし戦後、日本の神社仏閣は危機に陥りました。

敗戦後の占領政策によって、長らく「封印」されたのです。

学校教育はもちろん、マスコミや地域活動でも、お寺や神社の存在は隅に押しやられました。そして、日本人の意識から遠ざけられてきた。

最近のパワースポットブームで参拝者が増えましたが、一時期は閑古鳥が鳴く寺社も多くありました。

なぜ神社や仏閣を封印したのでしょうか。

そこには、明確な理由があります。

彼らは、**自国の伝統に誇りを持つ日本人の底力を怖《おそ》れました。**

そのため、人々の精神から先祖が大事にしてきた信仰の影響力を削《そ》ごうとしたのです。

しかし、日本人から誇りが完全に失われることはありませんでした。

その証拠に、戦後、日本は経済発展を遂げました。

石油や鉄などの天然資源を持たない国としては異例のことです。

豊かな天然資源を持つ国はたくさんあります。

でも、それらを抑えて日本は経済大国になりました。

脳の構造は万国共通なのに、日本人がこれだけの力を発揮できたのは不思議と

いえば不思議です。

では、なぜそれが可能だったのでしょうか。

答えは、誇りを持って生きてきたからだと言っていいでしょう。

戦後に失われた部分があるとはいえ、私たちは先祖から受け継いだ流れを大切にすることを忘れませんでした。

だからポテンシャルを発揮して、焼け野原だった状態から復興できたのです。

災害を乗り越えた国、龍に育てられた国・日本

地形的な面からも、日本の歴史を見てみましょう。

日本は、「龍に育てられた国」だということがわかります。

龍とは、大自然の流れそのもの。

自然の恵みによって、日本の国土は豊かに育まれました。

しかし時に、自然は災害という脅威をもたらします。

いうまでもなく、日本は災害の多い国です。

それでも、その災害から立ち直るプロセスが、日本という国を成長・発展させてきたのです。

一方、世界史を見ると、これまで人類が発展したのは、戦争や紛争によって技術的なイノベーションを起こした結果だとわかります。

欧州諸国の多くは陸続きのため、常に危険にさらされていました。

それで、相手国に勝つために技術革新が起こり、戦乱で破壊された町を復興する過程で経済が大きく発展してきたのです。


日本は島国なので、陸から他国に攻め入られる危険はありません。

ですから、欧州のような発展の仕方はしてきませんでした。

その代わり、日本をたびたび見舞ったのが自然災害です。

水害や地震が起きるたびに、治水や耐震の技術が進歩し、復興のためにインフラ整備や建設、町作りが行われる。

つまり、災害から立ち直るプロセスが、技術や経済の発展につながりました。

大自然の流れは、龍の流れ。

だから日本は、龍に育てられた。

そういえるのです。


もちろん災害などない方がいいのは、いうまでもありません。

ただ物事には、いろいろな側面があります。

災害は不幸でしたが、誤解を怖れずにいえば、だからこそいまの日本があるという見方もできます。

とはいえ、やはり災害は起きてほしくないですね。

また、危機感をあおる情報に触れて、不安や怖れを感じている人もいるでしょう。**その不安や怖れは、「用心」に変えれば大丈夫。**

災害がいつ起きるかは誰にもわかりません。

だからむやみに怯《おび》えず、いまは楽しく過ごす。

しかし備蓄や、避難経路の確認は行い、「用心」する。

つまり、不安と用心を混同せず、きちんと分けて考えればいいのです。

そうすれば不安の流れに巻き込まれず、自分の流れを大切にしながら生きられます。

そして、そんな自分に誇りを持ち、やるべきことに取り組めます。

不安はストレスホルモンの分泌を促進し、不調の原因になってしまいます。

必要なのは、状況を〝俯瞰《ふかん》〟すること。

そうすれば、不安を感じない「不感（俯瞰）症」になれますね（笑）。

誇りを持つ人の絶対条件は、他人の誇りも尊重できること

他国には他国のよいところがいっぱいありますが、日本という国に生まれただけでも誇りを持っていいこと。

世界最長2600年も続く皇室があり、コンビニの数より多い神社仏閣がある。

また、経済立国でありながら、武士道や「おもてなし」など各国から注目される伝統がある。

平和で、職業も宗教も自由に選べる。

何よりも美しい自然がある。

海外の人が来日すると、日本の町にゴミが少ないことに驚くといいます。

「立つ鳥跡を濁さず」ということわざがあるように、日本人は自分たちの土地をゴミで汚しません。

2022年、サッカーワールドカップでゴミ拾いをした日本人の姿は世界から

称賛されました。これも、私たちの誇れる美質です。

ただし、「誇り」と「傲慢」は違うのでご注意を。

自分の国やコミュニティに誇りを持つのは素晴らしいことです。

しかし、だからといって他国や他のコミュニティをバカにしたり貶《おとし》めたりするのは、誇りを持っているのではなく、単に傲慢なだけ。

自分に誇りを持っている人は、他人の誇りも大切にできます。

どの国にも独自の歴史や、そこで生きてきた人たちの歩みがあり、誇りがあります。

人の価値観や幸福観は、その人が置かれた環境によってまったく変わるのです。

たとえば、アフリカやアジアには、日本の何十分の一の生活水準で暮らさざるを得ない人たちもいます。

経済的な面だけを見れば、彼らは「貧しい」かもしれません。

しかし、過酷な状況でも幸せを見出《みいだ》し、自分たちの伝統を守りつづける誇り高き人たちはおおぜいいます。

どんな環境に置かれたとしても、自分の人生やアイデンティティに誇りを持つ。
これが、自分の中に龍を持つということ。
その生き方を尊重するのは当然ですね。

国に限ったことではありません。
地域、学校、会社、家庭……。
それぞれのレベルで、他者の誇りに敬意を払う謙虚さを持った人が、誇り高き人です。

自分に誇りを持っている人は、
他人の誇りも大切にできる。

先人が大切にしてきたものを大切にすることで最大限の力が発揮される

誇り高き人は、「先人が大切にしてきたもの」を大切にできる人。

過去に敬意を払い、その流れを受け継ぐために自分の力を使える人といっていいでしょう。

これまで先祖が時間と労力を費やして懸命につないできたバトンを受け継ぐことで、人は最大限の力を発揮できます。

本気のスイッチが入り、人生の流れに乗りやすくなります。

数年前、従兄《いとこ》が、私たちの曽祖父が興した会社を引き継ぎました。

当時、創業100年を過ぎた会社です。

社長になった従兄に会って驚きました。表情がガラッと変わっていたのです。

特に、目に力が宿っていたのが印象的でした。

でも、それは当然のことです。

直接聞いたわけではありませんが、従兄はこう思ったでしょう。

「100年も続いた会社の流れを、自分の代で潰すわけにはいかない」

そのためには、時代を読んで先手を打たなければなりません。

経営戦略も資金繰りも社員教育も見直し、取り組んでいかなければなりません。

そうやって、次世代にバトンをつなぐことを考えたとき、従兄の中の龍が目覚め、誇りが生まれました。そして、その誇りに見合ったふるまいや行動へとつながり、見た目も大きく変わったのです。

あなたが大切に受け継ぎたい先人からの流れは何でしょうか。

一度、自分の流れを振り返ってみましょう。

身内や近しい人だけが先人ではありません。

歴史上の人物、尊敬する著名人、過去の思想家や芸術家などが作った流れから、自分が大切にしたいものは何かを考えるのもいいですね。

それは、今後の生き方の軸になり、誇り高い人生へと導いてくれるはずです。

成功している人は、なぜよくお墓参りをするのか？

自分の中の誇りを思い出すために、先祖が眠るお墓が重要な場所であることをご存じでしょうか。

成功している人は、よくお墓参りをするといいます。

一般的には、お墓参りをすると先祖の守護力が強くなるといわれています。

ですが、それだけではなく、もうひとつ大切な要素があります。

先祖に手を合わせると自分のルーツを改めて思い起こすので、心に誇りが生まれるのです。

すると自己肯定感も上がり、仕事に対するモチベーションも上がります。

だから、おのずと結果がついてくるわけです。

「うちの先祖には、何も誇れるものがない」と謙遜する方もいらっしゃいますが、それは大きな勘違い。

みな、時代の荒波にもまれながら、必死で生き抜きました。

それだけで素晴らしく価値のあること。

そして、彼らがいたからこそ、あなたがいるのです。

お墓は、そんな先祖のシンボル。

そこにお参りすることで、先祖の存在を身近に感じ、彼らのおかげでいまがあると実感できます。

もしいまお墓のある場所がわからなくても、家族と疎遠になっていても問題ありません。

誰にでも先祖はいます。

その存在に思いを馳せて祈りを捧《ささ》げると、思いは伝わります。

自然に感謝の心と誇りが湧いてくるでしょう。

一度立ち止まることで
正しい流れを進める

地方の友人に、毎日同じお地蔵様を撮ってＳＮＳにアップしている男性がいます。

撮ったタイミングで雰囲気が違うとはいえ、失礼ながら「いつものお地蔵様」なのは事実。

でも、私はその投稿が大好きです。

男性がそのお地蔵様を誇りに思い、大切にしていることがその写真から伝わってくるからです。

ただ、その投稿がバズるわけではありません。

しかし、流れてくる情報に左右されず、大好きなものをひたすら愛する生き方は、自分の流れを大事にする誇り高い生き方です。

立ち止まり、
自分自身と対話する。
〝自分は自分がいいのだ〟
と誇りを持つ。

誇りは、私たちを情報の濁流から守る役目も果たします。

たとえば、有名ブランドの最新バッグの広告を見てすぐ飛びつく。

これは、情報の流れ、まさに「流行」に踊らされている状態ですね。

でも、自分の持つものに誇りを持っていれば、たとえ使い込んでいても、愛着を持ってひとつのバッグを使いつづけられます。

だから、新作が出るたびに右往左往し、無駄な出費をしなくて済みます。

「この手触りが好きなんだよね」「つらいときも一緒にいてくれたね」「古さがいい味になってきた」などと、バッグと対話しながら大事に使い続けるのはとても豊かなことです。


「正」という字は、「一回、止まる」と書きます。


途切れることなく進む日々、あえて立ち止まり、自分自身と対話する。

自分は自分でいいのだ、いや、〝自分は自分がいい〟のだと誇りを持つ。

この姿勢を持てば、情報に飲み込まれず、「正しい流れ」を進めます。

日常の中でいったん立ち止まり、情報の波に飲まれていないかを確認してみましょう。

自信がない人は「他信」している

「自分なんて」と謙遜しがちな文化が、ここ日本にはありますよね。

だからもしかすると、自分に対して誇りを持つのが苦手な人が多いのかもしれません。

実際、「自信がないので誇りなど持てません」という方にお会いします。

理由を尋ねると、「人に認められてないから自信がない」とのこと。

そんなとき私は、**「自信じゃなくて、〝他信〟がないのですね（笑）」**とお答えします。

自信とは、自分を自分自身で認め、信じることですから、「自分」が基準。

他人の評価を求めるのは、「他人」の基準を信じている証拠。

だから日本語的には、「人が認めてくれないから、他信がないんです」というのが正しいわけです。

改めて質問しますが、自信って何でしょうか。

たとえば、お金や学歴、人脈、地位などがないから自信がないという人がいますが、そんなものがなくても自信を持って生きている人はたくさんいます。

自信のある人はどんな状況でも、どんなときでも自分に誇りを持って生きられるのです。

見ていると、彼らは自分の運のよさを信じ、何事にも感謝しています。

たとえば、コップ半分の水を見て、「まだ半分もあってありがたいな、運がいいな」と喜びます。

「そりゃ自信があれば、自分だってそう捉える。自信がないから苦労しているんだ」と思うかもしれません。

でも、視野を広げて世界を見てみましょう。繰り返しになりますが、日本に生まれたこと自体、ものすごく運がいいと気づけるはずです。

他人に認められるのを待つ前に、日本に生まれた運のよさを思い出し、感謝できるといいですね。

そうすれば自然と誇りが湧き、他信ではなく自信が持てますから。

誇りとは「プライド」よりも「スピリット」

誇りとは、「流れの中」にあるもの。

誇りを持ちたいと思うのなら、結果ではなく、プロセスに目を向けることが大切です。

1章でお話しした通り、人生に「正解」はありません。

自分の出した答えが正しかったかどうかは、死ぬまでわかりません。

また人生では、どんなにがんばっても望む結果が得られないこともあります。

そんなときは「失敗」だと切り捨てがちですが、そうではありません。

たとえば、甲子園を目指してがんばったのに夢破れたとしたら、自分を誇ることはできないのでしょうか。答えはノーですね。

3年間必死で練習に励んだことは、胸を張って誇れる事実。人生で本当に大切なのは、どんな結果を出したかではなく、どう行動したか。

どんなことに誇りを持って、自分らしい流れを作れたかです。

たとえ仕事で思うような成果が出せなかったとしても、そこまで努力した自分を誇りに思っていい。

もし、いま望む流れに乗れていなくても、「自分の気持ちを大切にしようとする自分」を誇りに思っていいのです。


第二次世界大戦で日本は負けましたが、命がけで戦った方たちの存在は、私たちの誇りです。

特に、「国のため、家族を守るため」と飛行機に乗り込み、若くして敵船に激突していった特攻隊の方々を思うとき、感謝の心と共に、日本人としての誇りが湧いてきます。

誤解のないようにいうと、私はけっして戦争を美化するわけではありません。

しかし、彼らが遺書に綴《つづ》った感謝の言葉や家族を思う言葉を読むと、胸を打たれます。そして、このような方たちのおかげでいまの日本があるのだと思うと、尊敬の念と誇りを感じるのです。

誇りとは、
結果にこだわらず、
自分の信じる流れに沿って
ひたむきに進む生き方。

結果は、敗戦に終わりました。
しかし時代の大きな波の中で、国や家族のために必死に戦った彼らの生き方が誇れるものであることに変わりはありません。

「誇り」を英訳すると「プライド」。
語源は「ライオンの群れ」で「強さ」を表すそうです。
しかし私は、誇りを英訳するなら「スピリット」の方が適訳だと思えます。
スピリットとは「精神性」です。
自分の大切にしてきたものを大切にする精神。
先人が守ってきたものを受け継ぎ、伝えていく姿勢。
結果にこだわらず、自分の信じる流れに沿ってひたむきに進む生き方。
それこそが、誇りだと思います。

たいていの悩みは
先人が体験し解決している

世界的実業家の孫正義氏は、若き日に坂本龍馬の生き方を知って感銘を受け、自分も事業を興し世の中をよくしたいと考え、起業したそうです。

また、子どもの頃に医療のおかげで左手のやけどが治った野口英世博士は、自分も医師となって貢献するのだと研究に取り組みました。

その結果、歴史的、世界的に価値ある成果へとつながりました。

あなたも過去には、嫌なことやつらい出来事があったかもしれません。

それだけを見たら誇りに思えないかもしれない。

でもどんな形であれ、その出来事を乗り越えたからこそ、いまがあります。

それは誇りに思っていいのです。

もし、いまの自分にどうしても解決できない問題や悩みがあるとしたら、先人の経験に学びましょう。

長い歴史の中で、たいていの悩みはすでに先人が体験し解決しています。

国や時代は変わっても、人間は似たような問題や課題に直面し、それを乗り越えてきたのです。

そう認識するだけで、「自分にも解決できるかも」という希望が生まれますね。

その具体的な答えは、本を読めば探せるかもしれませんし、ネット上の情報になっているかもしれません。

あるいは、専門家や公共機関の相談窓口などを訪ねれば手に入る可能性もあります。時には、映画や絵画などの芸術作品を通して答えに気づくこともあるでしょう。

近所の人や友人知人でも、似たような問題を解決したのであれば「先人」です。

先人の力を借りれば、いったん滞った流れを先に進められます。

そういった先人の叡智《えいち》があることを誇りに思い、大いにその力を借りればいいのです。

毎年一度は「誇りの棚卸し」

自分に自信を持ち、誇りを思い出すよい方法をお伝えしましょう。

答えは、アウトプット。

とにかく思いつく限り、誇りに思えることを書き出していきます。

自分がどんなことに誇りを感じているか。

ぜひ、自分自身と対話しながら書いてみてください。

頭の中にあるものを可視化すると、いままで気づけなかった視点が必ず得られます。その気づきは、今後の人生の大きな財産になるはずです。

具体的な方法は、まず過去の流れに思いを馳せましょう。

この章の冒頭を読み返し、太古の流れから振り返ってみるのもおすすめです。

次に、先ほどお話ししたように、これまでの人間関係や出来事、いまいる環境などを思い起こし、誇りに思えることを書いていきます。順不同でかまいません。

ただし、「○○さんに勝った」「○○さんにほめられた」など、人との競争や他人の評価が基準となっているものは省きます。

あくまでも、「自分軸」で純粋に誇りに思えるものに意識を向けて、ピックアップしていきましょう。

誇りを持つものに勝ち負けは関係ないし、他者の評価や承認も不要です。

極端にいえば、認めてくれる人が誰もいなくても、自分さえ誇りに思えればいいのです。他にも、次のポイントを意識していきましょう。

◎できる限り多く、最低でも10個は書く
◎結果ではなく、プロセス（流れ）を見る
◎誇りに思うことは、そのつど変わってもいい

自分が誇りに思えることは、そのときの流れや自分自身の成長によって変化します。

それを振り返るのも大事な作業。

子どもの頃は「ビックリマンチョコ」のシールを何十枚も集めたことが誇りだったとしても、大人になれば当然変わりますね。
はい、これは私自身のことです（笑）。

毎年一度は、「誇りの棚卸し」をしていきましょう。

さあ、まずは最初の棚卸しです。
その作業は毎日の質を変えるだけでなく、龍を呼び覚ます流れを一気に加速させるでしょう。

あなた〝が〟守る「守護仏」「守護龍」

誇りを持って生きると、「守護仏」や「守護龍」の捉え方も変わります。

守護仏は、一般的には「自分を守ってくれる仏様」ですね。

もちろん、それも正解です。

でも、「あなた〝が〟守る仏様」もいるのです。

そもそも、私たちの体には「仏様」がいるのを知っていますか？

それは、「喉仏」。誰でもこの「仏」を持っていることに間違いはありません。

目立ちませんが、女性にも喉仏はあります。

喉仏、つまりは自分の中の仏が悲しまないように守るのが、私たちの役目です。

不平不満や、他人や自分を傷つける言葉を発したら仏は悲しみます。

でも、感謝や喜び、相手をたたえる言葉を言えば仏は喜んでくれます。

仏を大事にする生き方が、誇りある生き方です。

守るになると
人は強くなれる。
あなたの中の
龍を守り、
誇り高く生きる。

では、守護龍とは何か。

自分と対話しながら誇りを持って自分自身の流れを進んでいく生き方が、龍そのものです。

そして、**その龍（流れ）を守ることが「守護龍」だと捉えています。**

「誰かに守ってほしい」「助けてほしい」と考えるとき、誰もが思考停止になりがちです。しかし、自分以外の誰か、自分が大切にする何かを「守る側」になったとき、人は強くなります。

守られる側から守る側へ。

すると、それまで気づけなかった視点に気づき、秘められていた力を発揮できるのです。

お話ししてきたように、龍は「流れ」。

日々の流れを感じ取り、感謝しながら、自分の中の龍（流れ）を守るのだという志を大事に生きていく。それが、自分の中に龍を持つ生き方。

誇り高く、よりよき人生を作っていく生き方です。

「昇り龍」と「下り龍」の循環を生きる

天を目指して駆ける「昇り龍」と、天から地に向かう「下り龍」。
寺社の装飾や縁起物、絵画などでよく見かけるモチーフです。
この一対の龍は、人生の大きな流れを表しています。

昇り龍は、口を開けて自分の経験を食べ、その経験を「龍玉」といわれる胃袋に貯《た》めて輝かせながら、天に駆け上る。

下り龍は、その龍玉を天に預け、自分は満たされた状態で人々に富と豊かさを与えるために、しっかり口を閉じて地に降りる。

現代では、昇り龍が好まれる傾向があります。
ですが、伝承では下り龍の方が格上とされています。

人の一生になぞらえるなら、こうなるでしょう。

昇り龍は「学びつづけ、求めつづける前半生」。
下り龍は「与えつづけ、手放しつづける後半生」。

人生の前半は、挑戦者として「もっと成長したい」「もっといろいろなものが欲しい」と求めつづけ、経験を積みます。

そして折り返し地点を過ぎると、今度は「恩返ししたい」「必要のなくなったものを手放し、身軽になりたい」と思いはじめます。

成熟し、与える人生になっていくのです。

昇り龍と下り龍の循環で完成する人生。

あなたはいま、どの地点にいるでしょうか。

どんなライフステージにいたとしても、龍はあなたの中にいます。

その龍と共に、どのような体験を積み、どんな流れを作れるのか。

一生を終えるまでに、どれだけの豊かさを還元していけるのか。

それを考え、行動しながら生きていけば、あなたの中の龍が喜び、いきいきと躍動しはじめます。

そのときあなたは、自分の乗るべき流れに乗って、さらなる高みへと飛躍していけるでしょう。

昇り龍は、学びつづけ、求めつづける前半生。
下り龍は、与えつづけ、手放しつづける後半生。
人生は、昇り龍と下り龍の循環で完成する。

episode 龍

ブータンの国王が語る「自分の中の龍」

国旗に龍が描かれているブータン王国のワンチュク国王は、東日本大震災後に来日。福島の子どもたちに、こんなスピーチをしました。

「龍は、経験を食べて大きく成長します。**私たち一人ひとりに『人格』という名の龍が存在します。その龍は歳《とし》を重ね、経験を食べて強く大きくなる。人は経験を糧にして、強くなれるのです。何よりも大切なことは、自分の中の龍を鍛えてコントロールすること。**ブータンの子どもたちには、自分の中の龍を大切に養い、鍛錬しなさいといっています。わがままを抑え、感情をコントロールして生きることが大事なのです」（一部抜粋・意訳）

ブータン王国は信仰深い仏教国で、国民の幸福度を示すＧＮＨ（国民総幸福量）を尊重する「幸せの国」として有名です。そのリーダーが龍について言及し、子どもたちが力強く生きるための指針を示したのは、当時大きな話題になりました。私たちの中の龍は経験を糧にして成長します。そのためにも心を治め、自分の流れに誇りを持って生きることが大切だと改めて感じます。

エピローグ

これからは自分の中の龍を生きる時代

「龍」がいま求められている理由

最後まで読んでいただき、ありがとうございます。

激動の時代が訪れ、人生の流れを自分自身で作る生き方がますます問われるようになりました。

その中で、いま龍がふたたび注目されています。

これは、天井画絵師として龍と長年向き合ってきた私にとって、とてもうれしいことです。

龍がこれほど求められているのは、なぜでしょう。

それは、私たちの集合的無意識の中に、

「自分らしくありたい」

「時代の荒波に飲まれたくない」

「満足できる人生を自分で作りたい」

そんな思いが生まれてきているから。

そして、**自分の中にある龍との対話を、誰もが必要としているからではないでしょうか。**

そのために、私が龍から学んだ叡智《えいち》と哲学の集大成といえるこの本は、きっとお役に立てるのではと自負しています。

遺書を書き、挑んだ天井画

初めて天井画を描かせていただいたときのことです。

いざ描きはじめようとした私は、最初の筆をいれることがなかなかできませんでした。

何しろ後世にわたって残る天井画です。

自分の感性だけで描けるわけではありません。

数多くの文献にあたって、龍の伝統的な描き方や存在について調べて準備し、下絵も入念に作っていたのに、本番は直しがきかない一発勝負。

どうしても、最初の一筆をいれられなかったのです。


結局、何もできず6日が過ぎました。

7日目、ふと思い立って遺書を書きました。

もちろん、みずから命を絶とうとしたわけではありません。


「命が尽き、この天井画が最後の絵になってもいい」


という覚悟で描こうと思ったからです。

実際に書いてみると、感謝の言葉があふれてきました。

思い残すことがなくなり肝が据わった私は、翌日、心を込めて筆を執りました。

そして、いままで関わってくださったすべての方に恩返ししたいと思いながら、一心不乱に筆を動かし、一作目を描き上げることができたのです。

それ以来、年に一度は遺書を書き直しています。

そして、龍についての研究と思索を深めながら、毎回「これが最後の作品」と覚悟しつつ、描きつづけています。

40代後半に差し掛かり、龍と真摯に向き合ってきた芸術家人生もこれから後半生。まだまだ未熟ですが、これまで得たものを還元し、自分なりの形でみなさまに貢献できればと願っています。


これまで人類は、龍という存在に願いを込め、祈りを捧《ささ》げて生きてきました。

これからは、私たち自身が自分の中の龍と生きる時代です。

先人から受け継がれた財産を次世代につなぐためにも、一緒に幸せな未来を作っていきましょう。

そのために、いまこのときこそ、あなたの中の龍を再確認してください。

天井画絵師　斎灯サトル

［著者プロフィール］

斎灯サトル（さいとう・さとる）

1977年生まれ。静岡在住。天井画絵師。芸術家。10代の頃よりベストセラー作家、故・小林正観氏に師事し、書籍の挿絵を担当する。

神社仏閣の大天井画の個人制作枚数は日本一。

神奈川県「江島神社・奉安殿」や、静岡県「永福寺」の東海地区最大80畳など、各地の天井画を制作する。

国内外含めアートイベントを行っており、畳数枚分の紙に５分で絵を描くパフォーマンスでは、涙する観覧者も多い。2013年フランス世界遺産のグラン・サロンでも披露し、好評を得た。

また、アートイベントと共に、独自の観相学からその人の「テーマ」を見極め、神様の絵を描きながら行うアート個人セッションは、口コミで毎年1000人以上、通算２万人以上に及ぶ。講演活動も行っており、教育機関や地域、企業から依頼を受け、全国を駆け回っている。著書にベストセラーの『写龍』（小社刊）、『正観さんのしあわせ絵言葉』（廣済堂出版）などがある。

斎灯サトルデザイン事務所「アトリエ・サトルーチ」

https://satoruchi.moo.jp/

自分の中に龍を持て

2024年５月10日　初版印刷
2024年５月20日　初版発行

著　　者　斎灯サトル
発 行 人　黒川精一
発 行 所　株式会社 サンマーク出版
〒169-0074 東京都新宿区北新宿2-21-1
☎03-5348-7800

印　　刷　共同印刷株式会社
製　　本　株式会社若林製本工場

ISBN978-4-7631-4138-5　C0030

ホームページ　https://www.sunmark.co.jp